세밀화로 그린 보리 어린이
풀 도감

세밀화로 그린 보리 어린이

풀 도감

그림 / 안경자, 송인선, 박신영, 이원우, 장순일, 윤은주
글 / 김창석, 구자옥, 보리 편집부
감수 / 박수현, 강병화, 구자옥
세밀화 디렉터 / 이원우
도와 주신 분 / 전의식(한국식물연구회 명예회장), 이호철(경북 경산 성암초등학교 교사)
탁동철(강원 양양 상평초등학교 교사), 황대권(생태공동체운동센터 대표), 안철환(전국귀농운동본부)

도와 주신 곳 / 고려대학교 농업시험장, 산림청 국립수목원

편집 / 신옥희, 이상민, 이정희
교정·교열 / 이혜숙
디자인 / 이안디자인
제작 / 심준엽
영업, 홍보 / 안명선, 양병희, 이옥한, 정영지, 조병범, 조서연, 최민용
경영 지원 / 임혜정, 전범준, 한선희
원색분해·출력·인쇄 / (주)로얄프로세스
제본 / 과성제책

1판 1쇄 펴낸 날 / 2008년 7월 7일
1판 9쇄 펴낸 날 / 2018년 11월 1일
펴낸이 / 유문숙
펴낸 곳 / (주)도서출판 보리
출판 등록 / 1991년 8월 6일 제9-279호
주소 / 경기도 파주시 직지길 492 우편번호 10881
전화 /(031) 955-3535, 전송 (031) 950-9501
누리집/www.boribook.com, 전자우편 / bori@boribook.com

ⓒ 보리, 2008
이 책의 저작권은 보리에 있습니다. 이 책의 내용을 쓰고자 할 때는 출판사의 허락을 받아야 합니다.
잘못된 책은 바꾸어 드립니다.
값 35,000원

ISBN 978-89-8428-546-0
ISBN 978-89-8428-544-6 (세트)

이 도서의 국립중앙도서관 출판시도서목록(CIP)은 서지정보유통지원시스템 홈페이지(http://seoji.nl.go.kr)와
국가자료공동목록시스템(http://www.nl.go.kr/kolisnet)에서 이용하실 수 있습니다. (CIP 제어번호 : CIP2008001866)

제품명 : 도서 제조자명 : (주)도서출판 보리 주소 : (10881) 경기도 파주시 직지길 492 전화번호 : (031) 955-3535
제조년월 : 2018년 11월 제조국 : 대한민국 사용연령 : 8세 이상 주의사항 : 책의 모서리가 날카로우니 다치지 않게 주의하세요.
KC마크는 이 제품이 공통안전기준에 적합하였음을 의미합니다.

세밀화로 그린 보리 어린이

풀 도감

우리 땅에 사는 흔한 풀 100종

그림 안경자, 박신영, 송인선 외 | 글 김창석 외 | 감수 박수현 외

보리

일러두기

1. 이 책에는 우리 나라에 사는 풀 100종이 실려 있습니다. 집 둘레나 길가에 사는 풀, 밭에 사는 풀, 산에 사는 풀, 논이나 물가에 사는 풀, 이렇게 네 갈래로 나누어 갈래마다 색깔이 다른 띠를 넣었습니다. 갈래 안에서는 찾아보기 쉽게 가나다 순서로 실었습니다.

2. 이 책에 들어간 세밀화는 모두 살아 있는 풀을 취재해서 보고 그렸습니다. 취재한 때와 곳은 생김새를 설명한 글 아래에 써 놓았습니다.

3. 이름, 학명, 분류는《국가표준식물목록》(국립수목원·한국식물분류학회, 2007)을 따랐습니다. 다른 이름은《국가표준식물목록》,《한국 식물명의 유래》(이우철, 일조각, 2005)에서 찾아 넣었습니다. 취재하면서 들은 이름도 넣었습니다.

4. 맞춤법과 띄어쓰기는《띄어쓰기 편람-우리말 우리글 바로쓰기 사전》(이승구 외, 대한교과서 주식회사, 2004, 서울)을 따랐고, 낱말은《표준국어대사전》(국립국어연구원, 두산동아, 2001, 서울)을 따랐습니다.

5. 그림으로 찾아보기는 분류 순서로 실었습니다. 생김새가 비슷한 풀끼리 묶여 있습니다. 우리 이름으로 찾아보기는 이름을 가나다 순서로 실었고, 다른 이름도 함께 넣었습니다. 학명으로 찾아보기는 학명을 abc 순서로 실었습니다.

6. 생김새를 설명한 글에서 키는 땅에서 자라 나온 줄기의 길이입니다. 때때로 잎 길이와 너비도 넣었습니다.

키

7. 본문 보기

이름

학명

집 둘레나 길가에 사는 풀, 밭에 사는 풀, 산에 사는 풀, 논이나 물가에 사는 풀, 이렇게 네 가지로 색깔을 다르게 넣었습니다.

취재한 때와 곳

생김새를 설명한 글입니다.

분류, 다른 이름, 닮은 종, 꽃 피는 때, 특징을 보기 쉽게 따로 묶었습니다.

어린잎이나 열매, 씨앗 그림을 실었습니다. 닮은 종을 그려서 넣기도 했습니다.

일러두기 5

차례

일러두기 4
그림으로 찾아보기 8

우리 땅에 사는 풀

풀이 하는 일 20
우리 겨레와 풀 21
생김새 22
  뿌리 24
  줄기 26
  잎 28
  꽃 32
한살이 34
  싹트기 36
  자라기 37
  꽃 피우기 38
  열매 맺기 39
  씨앗 퍼뜨리기 40
  겨울나기 42

집 둘레나 길가에 사는 풀

괭이밥 46
그령 48
꽃마리 50
달맞이꽃 52
도꼬마리 54
돌나물 56
돌소리쟁이 58
돌콩 60
돼지풀 62
띠 64
메꽃 66
미국자리공 68
박주가리 70
뱀딸기 72
봄맞이 74
새팥 76
서양민들레 78
쇠뜨기 80
쇠별꽃 82
수영 84
수크령 86
쑥 88
잔디 90
제비꽃 92
조개나물 94
지칭개 96
질경이 98
참새귀리 100
큰김의털 102
토끼풀 104
환삼덩굴 106

밭에 사는 풀

갈퀴덩굴 110
강아지풀 112
개망초 114
개비름 116
고들빼기 118
광대나물 120
금방동사니 122
까마중 124
깨풀 126
꽃다지 128
냉이 130
닭의장풀 132
돌피 134
망초 136
바랭이 138
배암차즈기 140
벼룩나물 142
쇠비름 144
애기땅빈대 146
애기똥풀 148
얼치기완두 150
점나도나물 152
주름잎 154
쥐꼬리망초 156
쪽 158
큰개불알풀 160
흰명아주 162

산에 사는 풀

가새쑥부쟁이 166
고사리 168
곰취 170
꿀풀 172
더덕 174
며느리밑씻개 176
무릇 178
선씀바귀 180
양지꽃 182
억새 184
엉겅퀴 186
오이풀 188
우산나물 190
잔대 192
할미꽃 194

논이나 물가에 사는 풀

가락지나물 198
가래 200
가막사리 202
개구리밥 204
개피 206
검정말 208
고마리 210
도깨비바늘 212
뚝새풀 214
마디꽃 216
마름 218
물달개비 220
물옥잠 222
물질경이 224
물피 226
바람하늘지기 228
밭둑외풀 230
벗풀 232
부들 234
여뀌 236
여뀌바늘 238
올챙이고랭이 240
자귀풀 242
자운영 244
조개풀 246
줄 248
한련초 250

우리 이름으로 찾아보기 254
학명으로 찾아보기 258
참고한 책 260

그림으로 찾아보기

*분류 순서로 실었습니다. 생김새가 비슷한 풀들이 묶여 있습니다.

속새과
쇠뜨기 80

고사리과
고사리 168

부들과
부들 234

가래과
가래 200

택사과
벗풀 232

자라풀과
물질경이 224
검정말 208

벼과
뚝새풀 214
개피 206
그령 48
참새귀리 100

벼과

사초과

바람하늘지기 228

올챙이고랭이 240

금방동사니 122

개구리밥과

개구리밥 204

닭의장풀과

닭의장풀 132

물옥잠과

물달개비 220

물옥잠 222

백합과

무릇 178

삼과

환삼덩굴 106

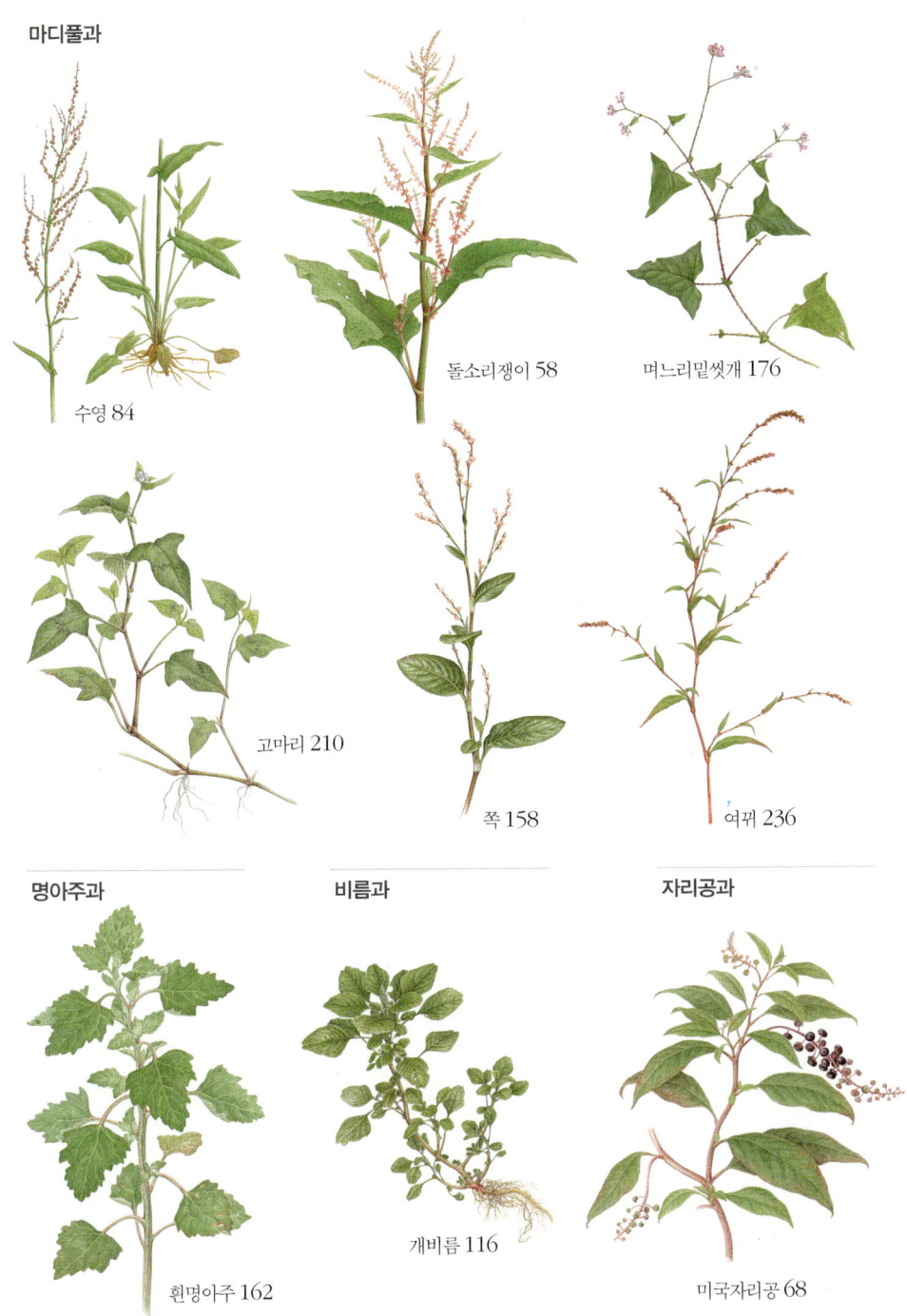

쇠비름과
쇠비름 144

석죽과
점나도나물 152
벼룩나물 142
쇠별꽃 82

미나리아재비과
할미꽃 194

양귀비과
애기똥풀 148

십자화과
꽃다지 128
냉이 130

돌나물과
돌나물 56

장미과
뱀딸기 72
가락지나물 198

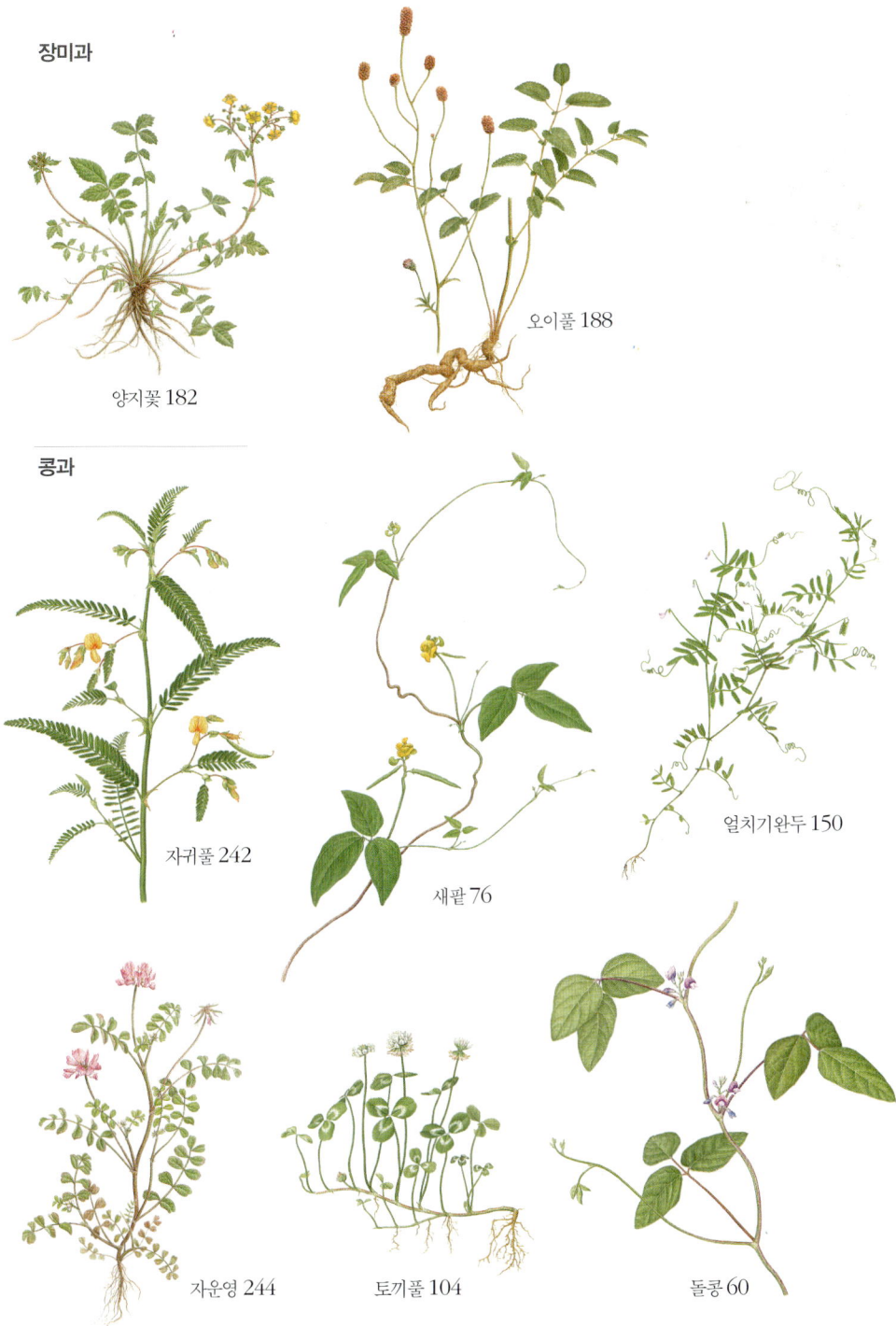

괭이밥과

괭이밥 46

대극과

깨풀 126

애기땅빈대 146

제비꽃과

제비꽃 92

부처꽃과

마디꽃 216

마름과

마름 218

바늘꽃과

여뀌바늘 238

달맞이꽃 52

앵초과

봄맞이 74

우리 땅에 사는 풀

우리는 둘레에서 흔하게 풀을 볼 수 있다. 산이나 들에도 많고, 집 둘레나 길가에도 흔하다. 돌담 밑이나 보도블록 사이에서도 고개를 내밀고 있다. 손바닥만 한 작은 풀에서 사람 키보다 큰 풀까지 저마다 생김새가 다른 풀들이 어울려 자란다.

우리 나라는 계절이 뚜렷해서 철마다 나는 풀이 다르다. 봄부터 가을까지 많은 풀들이 피고 지고, 꿋꿋하게 추위를 견디면서 한겨울을 나는 풀도 있다. 우리 땅에 사는 풀은 봄에서 여름 사이에 잘 자라는데, 비가 많이 오고 날씨가 더운 여름에는 하루가 다르게 쑥쑥 자란다. 또 높은 산등성이나 추운 북쪽보다 따뜻한 남쪽 들판에서 더 잘 자란다.

다른 나라에서 들어와 우리 땅에 살게 된 풀도 있다. 먹을거리나 물건을 다른 나라에 팔거나 사 오는 일이 많아지면서 수많은 풀씨가 우리 나라에 들어오기도 하고 다른 나라로 퍼져 나가기도 한다. 이렇게 들어와 살게 된 풀이 어림잡아 300종쯤 된다. 나라마다 사는 풀이 다르지만 이렇게 섞이면서 퍼지고 있다.

풀이 하는 일

　식물은 광합성을 하면서 산소를 만들어 낸다. 산소는 생물이 살아가는 데 꼭 필요한 공기다. 산소를 만들어 내는 풀이나 나무가 있기 때문에 우리가 숨쉬고 살아갈 수 있다. 풀은 한여름 뜨거운 땡볕을 식혀 주고, 비가 오면 물을 머금어 홍수를 막아 주기도 한다. 땅 속으로 뿌리를 깊게 내리고 넓게 퍼져 흙이 빗물에 안 쓸려 가게 한다. 또 땅 속 깊이 있는 온갖 양분을 빨아들여 땅거죽으로 끌어올린다. 풀은 죽으면 썩어서 흙을 기름지게 한다.

　식물은 흙 속에 있는 거름을 빨아들여 스스로 영양분을 만든다. 이 영양분은 식물이 살아가는 데 쓰일 뿐만 아니라 동물들을 먹여 살리는 힘이 된다. 풀은 동물들에게 아주 좋은 먹잇감이다. 우리가 흔히 알고 있는 소나 말, 토끼, 사슴 같은 짐승들은 풀을 먹는 동물이라는 뜻으로 '초식 동물' 이라고 하는데, 이런 동물들은 풀잎이나 줄기를 뜯어 먹고 뿌리도 캐 먹는다. 들쥐나 다람쥐 같은 작은 동물들은 풀 열매와 씨를 먹고 산다. 새들은 벌레와 지렁이도 잡아먹지만 풀씨를 아주 잘 먹는다. 모두 풀을 먹고 힘을 얻어 살아간다.

　풀이 모여 자라는 풀숲은 여러 동물들이 어울려 살아가는 터전이다. 곤충 애벌레는 풀잎을 갉아먹으면서 자란다. 벌과 나비는 꽃에서 꿀을 빨아 먹는 대신에 풀이 열매를 맺을 수 있게 꽃가루받이를 해 준다. 거미는 거미줄을 쳐서 날벌레를 잡아 먹고 사마귀는 숨어 있다가 잽싸게 벌레를 잡아먹는다. 땅강아지와 굼벵이는 땅 속에서 풀뿌리를 갉아먹고 산다. 들쥐와 새는 풀숲에 둥지를 틀고 새끼를 기르기도 한다. 땅 속에서는 풀뿌리 곁에서 개미나 곤충들이 겨울을 나기도 한다. 동물들은 풀

풀로 하는 놀이

제비꽃 싸움

토끼풀 반지

바랭이 우산

숲에서 먹이를 얻고, 몸을 숨기고, 잠을 자기도 하고, 알이나 새끼를 낳아 기르기도 한다. 풀숲은 동물들에게 보금자리 구실을 한다.

동물들이 풀을 먹고 난 뒤에 누는 똥은 풀을 자라게 하는 거름이 된다. 또 동물이 죽으면 썩어서 흙과 거름이 되어 땅을 기름지게 한다. 풀은 동물들을 먹여 살리고, 동물들은 거름이 되어 풀을 기른다. 풀과 동물들은 생태계 안에서 조화롭게 살아간다.

우리 겨레와 풀

우리 조상들은 오랜 옛날부터 풀을 베어다가 소나 염소 같은 집짐승을 먹이기도 하고, 살림살이를 만들어 쓰기도 했다. 집을 지을 때 풀로 지붕을 엮기도 하고 벽을 칠 때 풀을 섞어 넣기도 한다. 또 담을 쌓기도 한다. 옷감을 짜거나 돗자리를 짜기도 하고 염색을 하는 물감으로 쓰기도 했다. 풀을 베어다가 두엄을 만들어 논밭에 뿌리고 곡식을 길렀다. 오랜 세월 동안 풀에 들어 있는 약효를 알아 내서 병을 고치는 약으로도 썼다. 농부들이 논밭에 심어 정성들여 기르는 곡식도 오랜 옛날에는 그냥 들풀이었다. 들판이나 산에서 자라는 풀을 사람들이 기르기 시작하면서 알곡이 더 많이 맺히는 곡식이 되었다. 사람들이 정성들여 기르면서 곡식은 점점 옹골지게 여물고 탐스러워졌다. 요즘에도 들판이나 산에서 자라는 풀 가운데 맛있는 것들은 뜯어서 나물로 먹는다.

풀로 만든 것들

쪽으로 물들인 천   부들로 만든 부채   여치 집   오이풀 약재

도꼬마리 약재

생김새

풀은 땅에 뿌리를 박고 바깥으로 줄기와 잎을 내놓고 산다. 뿌리는 땅 속으로 뻗으며 흙 속에 있는 물과 양분을 빨아들인다. 줄기는 뿌리와 잎을 이어 주고 잎이 광합성을 하는 데 필요한 물과 양분을 보내 준다. 줄기는 꽂꽂이 서서 자라거나 옆으로 기면서 잎이 매달릴 수 있게 해 준다. 잎은 뿌리에서 올라온 양분과 물로 빛을 받아 광합성을 해서 살아가는 데 필요한 영양분을 만든다. 풀은 자손을 남기려고 꽃을 피운다. 꽃은 줄기에 달리는데 뿌리에서 바로 나오기도 한다. 꽃이 지면 열매를 맺고, 열매가 익으면 여러 방법으로 씨앗이 퍼진다.

외떡잎식물과 쌍떡잎식물
식물은 크게 외떡잎식물과 쌍떡잎식물로 나뉜다. 외떡잎식물은 씨앗에서 싹이 틀 때 떡잎이 한 장 나오는 식물이고, 쌍떡잎식물은 두 장이 나온다. 외떡잎식물과 쌍떡잎식물은 자라면서 생김새가 더욱 뚜렷하게 달라진다. 뿌리, 줄기, 잎, 꽃 모두 눈으로 보면 알 수 있을 만큼 다르다.
외떡잎식물은 뿌리가 수염뿌리이고, 줄기 속 관다발이 흩어져 있다. 잎은 가늘고 긴데 나란히맥이고 잎자루가 없다. 꽃은 꽃잎과 꽃받침이 없고 수술이 암술에 견주어 세 배쯤 많다.
쌍떡잎식물은 뿌리가 굵은 원뿌리이고 곁뿌리가 달린다. 줄기 속 관다발은 고리 모양으로 가지런히 모여 있고 부름켜(형성층)가 있어서 굵어진다. 잎은 잎자루가 있고 잎맥은 얼기설기 뻗은 그물맥이다. 꽃은 꽃잎과 꽃받침이 모두 있고 암술과 수술이 뚜렷하게 잘 보인다.

외떡잎식물 (강아지풀)   **쌍떡잎식물** (개비름)

자운영 생김새

꽃 꽃잎은 암술과 수술을 보호한다. 암술과 수술은 꽃가루받이를 해서 씨앗을 만든다.

열매 씨앗이 들어 있다. 씨앗을 보호하고 멀리 퍼지게 한다.

잎 잎이 푸른색인 것은 엽록체가 있기 때문이다. 광합성을 해서 살아가는 데 필요한 영양분을 만든다. 숨쉬기와 김내기도 한다.

줄기 뿌리에서 빨아들인 물과 양분을 잎으로 보내 준다. 잎과 꽃이 달릴 수 있는 기둥 구실을 한다.

뿌리 땅 속에 단단히 박혀 줄기가 잘 설 수 있게 해 준다. 땅 속에 있는 물과 양분을 빨아들이는 일을 한다.

1) 뿌리

뿌리는 땅 속으로 뻗어서 흙 속에 있는 물과 양분을 빨아들이고 줄기가 쓰러지지 않게 떠받친다. 잎에서 광합성으로 만들어 낸 영양분을 뿌리에 갈무리해 두기도 한다. 또 흙 속에 있는 공기로 숨쉬기를 한다.

뿌리는 크게 곧은뿌리와 수염뿌리로 나뉜다. 곧은뿌리는 굵고 튼튼한 원뿌리에 곁뿌리가 나와 얼기설기 엉켜 있다. 대개 엉겅퀴나 제비꽃 같은 쌍떡잎식물은 곧은뿌리를 내린다. 수염뿌리는 가는 뿌리들이 수염처럼 난다. 벼나 보리, 강아지풀이나 뚝새풀, 개피 같은 외떡잎식물은 수염뿌리를 내린다.

식물마다 뿌리 모양이 다른 것은 사는 꼴이 조금씩 다르기 때문이다. 쌍떡잎식물은 여러해살이가 많지만 외떡잎식물은 한해살이가 많다. 여러해살이풀은 뿌리를 땅 속 깊이 내리고 굵게 자란다. 뿌리를 굵게 살찌워서 영양분을 갈무리하고 이듬해에 싹이 나서 다시 자란다. 한해살이풀은 한 해를 살고는 씨앗을 맺고 죽기 때문에 뿌리를 깊게 내리는 것보다는 얕고 넓게 내리는 것이 더 이롭다. 물과 양분을 짧은 기간에 많이 빨아들이느라 뿌리를 여러 개 한꺼번에 내린다. 그래서 뿌리가 수염처럼 생겼다.

뿌리 속 생김새

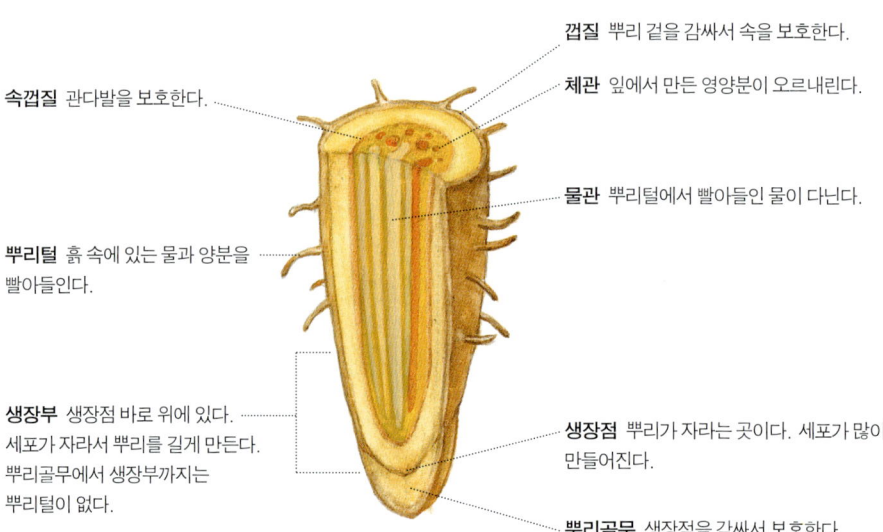

속껍질 관다발을 보호한다.

뿌리털 흙 속에 있는 물과 양분을 빨아들인다.

생장부 생장점 바로 위에 있다. 세포가 자라서 뿌리를 길게 만든다. 뿌리골무에서 생장부까지는 뿌리털이 없다.

껍질 뿌리 겉을 감싸서 속을 보호한다.

체관 잎에서 만든 영양분이 오르내린다.

물관 뿌리털에서 빨아들인 물이 다닌다.

생장점 뿌리가 자라는 곳이다. 세포가 많이 만들어진다.

뿌리골무 생장점을 감싸서 보호한다.

곧은뿌리

고들빼기

토끼풀

엉겅퀴

제비꽃

수염뿌리

강아지풀

개피

뚝새풀

그령

2) 줄기

줄기는 땅 속에 있는 뿌리에서 나와서 땅 밖으로 뻗는다. 줄기는 기둥 구실을 하면서 뿌리와 잎을 이어 준다. 또 줄기에는 꽃과 열매가 매달린다. 뿌리에서 빨아들인 물과 양분은 줄기를 거쳐 잎으로 가고, 잎에서 광합성으로 만든 영양분이 뿌리로 가기도 한다. 줄기는 잎이 광합성을 잘 할 수 있게 키를 키우고 가지를 쳐서 넓게 퍼진다.

풀은 저마다 생김새가 다른 줄기를 가지고 있다. 곧은줄기는 줄기가 위로 꼿꼿하게 자란다. 혼자서 서야 하기 때문에 굵고 단단하다. 위로 자라면서 가지를 치고 잎을 낸다. 명아주나 소리쟁이 따위가 곧은줄기 풀들이다. 풀이 우거진 곳에서는 햇빛을 더 많이 받으려고 줄기가 더 높게 자라기도 한다.

감는줄기는 둘레에 있는 나무나 풀을 감으면서 자란다. 줄기가 가늘고 부드러워서 이리저리 잘 휜다. 혼자 서야 하는 곧은줄기처럼 줄기가 굵어야 할 필요가 없어서 빨리 자란다. 둘레에 있는 기댈 것을 감으면서 높이 올라가고, 기댈 것이 없으면 땅 위로 뻗는다. 메꽃이나 돌콩, 박주가리 따위가 감는줄기 풀들이다.

기는줄기는 위로 자라지 않고 옆으로 자라면서 새로운 줄기와 뿌리를 내린다. 기는줄기로 사는 식물은 줄기가 끊어져도 새 뿌리를 내려서 산다. 너른 들판에 사는 뱀딸기나 토끼풀, 잔디 같은 작은 풀들이 기는줄기를 뻗으면서 산다.

줄기 속 생김새

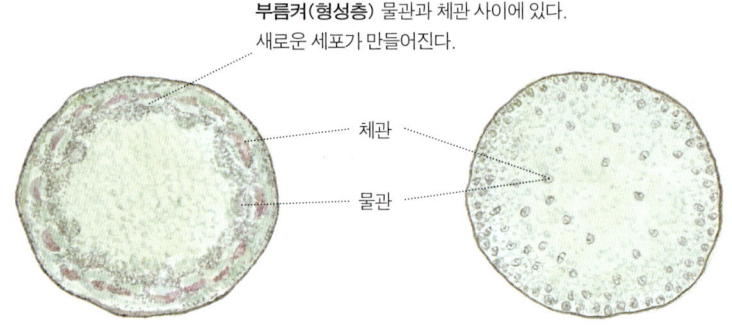

쌍떡잎식물
체관, 물관, 부름켜가 모인 관다발은 둥글게 모여 있다.
부름켜가 있어서 굵어진다.

외떡잎식물
체관과 물관이 한 덩어리이고 관다발이 흩어져 있다.
부름켜가 없다.

땅속줄기는 줄기가 땅 속에 있다. 양분을 전달하는 일도 하지만 다른 일을 하려고 생김새가 바뀐 줄기다. 땅속줄기에는 뿌리줄기, 비늘줄기, 덩이줄기, 알줄기 같은 것들이 있다. 뿌리줄기는 기는줄기와 비슷하지만 줄기가 땅 속으로 자란다. 자라면서 새로운 뿌리와 싹을 내기도 한다. 뿌리줄기 풀에는 쇠뜨기와 쑥 따위가 있다. 비늘줄기와 덩이줄기, 알줄기는 영양분을 담아 두려고 줄기가 굵어진 것이다. 양파와 무릇이 비늘줄기, 생강이 덩이줄기, 감자가 알줄기 식물이다.

곧은줄기

명아주

감는줄기

박주가리

기는줄기

뱀딸기

땅속줄기(뿌리줄기)

쇠뜨기

3) 잎

　잎은 식물이 사는 데 필요한 영양분을 만들고 또 숨쉬기와 김내기 같은 중요한 일을 한다. 잎은 뿌리에서 올라온 물과 양분으로 광합성을 해서 영양분을 만든다. 잎은 풀마다 서로 다르게 생겼는데 잎 모양을 보고 쌍떡잎식물인지 외떡잎식물인지 쉽게 알 수 있다.

　잎은 보통 잎몸, 잎자루, 턱잎으로 이루어져 있다. 잎자루는 잎몸을 줄기나 가지에 붙게 하는 꼭지다. 턱잎은 잎자루 밑에 붙어 있는데 어린눈이나 잎을 보호한다. 턱잎은 외떡잎식물에는 없고 쌍떡잎식물에서 흔히 볼 수 있다.

　잎몸은 껍질과 잎살, 잎맥으로 되어 있다. 껍질은 잎살과 잎맥을 보호한다. 숨구멍(기공)이 있어서 공기를 빨아들이거나 내보내고 물을 내보낸다. 잎살에는 광합성을 하는 엽록체가 있다. 잎맥은 물관과 체관으로 되어 있는데 줄기와 뿌리로 이어져 있다.

광합성과 숨쉬기, 김내기

　식물은 동물과 달리 사는 데 필요한 영양분을 밖에서 얻지 않고 스스로 만들어 낸다. 뿌리로 물과 양분을 빨아들여서 줄기를 거쳐 잎으로 보내면 잎에서 햇빛을 받아 물과 양분과 이산화탄소로 영양분을 만든다. 이렇게 영양분을 만드는 일을 햇빛을 받아서 이루어진다는 뜻으로 '광합성'이라고 한다. 영양분은 식물이 자라는 데 쓰이고 꽃을 피우거나 열매를 맺는 데도 쓰인다. 줄기와 잎에 영양분을 갈무리해 두기도 하고 뿌리에 저장하기도 한다.

　풀은 흐린 날이나 햇빛이 없는 밤에는 산소를 마시고 이산화탄소를 내보낸다. 이것을 '숨쉬기(호흡)'라고 한다. 풀잎 뒷면에는 공기가 드나드는 아주 작은 숨구멍(기공)이 많다. 광합성을 할 때는 영양분을 만들지만 숨쉬기를 할 때는 영양분을 쓴다.

　풀은 광합성과 숨쉬기를 하면서 숨구멍으로 물을 내보낸다. 뿌리에서 빨아들인 물은 잎에서 광합성과 숨쉬기를 할 때 수증기가 되어 밖으로 나간다. 이렇게 물을 내보내면서 몸 속에 들어 있는 물 양을 일정하게 하고, 온도를 고르게 하고, 뿌리에서 물을 빨아들이는 힘을 세게 한다. 이것을 물을 내보내는 일이라는 뜻으로 '김내기(증산 작용)'라고 한다. 풀은 춥거나 더울 때 김내기를 많이 한다.

잎 생김새

쌍떡잎식물 (며느리밑씻개)

외떡잎식물 (물피)

잎맥 생김새

그물맥 (미국자리공)
쌍떡잎식물은 잎자루가 있고 잎맥이 그물처럼 뻗어 있다. 잎 뒷면을 보면 잎맥이 뻗은 모양을 더 자세히 볼 수 있다.

나란히맥 (강아지풀)
외떡잎식물 잎은 끈처럼 길쭉한데 잎자루가 없는 대신 잎집이 줄기를 감싸면서 난다. 잎맥이 나란히 줄을 지어 길게 뻗어 있다.

홑잎과 겹잎

　잎자루에는 잎이 한 개가 달리기도 하고 여러 개 달리기도 한다. 하나만 달리는 것을 '홑잎'이라고 하고 여러 개가 달리는 것을 '겹잎'이라고 한다. 자귀풀 잎은 겹잎인데 잎자루 하나에 작은 잎들이 줄지어서 달려 있다. 냉이나 쑥, 지칭개 잎은 홑잎이지만 깊게 패여 있어서 여러 장이 모여 있는 겹잎처럼 보인다. 이렇게 생긴 잎을 새의 깃 모양을 닮았다고 '깃꼴잎'이라고 한다.

홑잎

고마리　　　　깨풀　　　　질경이

● **깃꼴잎** (홑잎인데 잎이 깊게 패여 있다.)

냉이　　　　쑥　　　　지칭개

겹잎

양지꽃　　　괭이밥　　　자귀풀　　　자운영

잎차례

　잎이나 잎자루가 줄기에 달리는 모양을 '잎차례'라고 한다. 잎차례는 풀마다 조금씩 다르다. 밭둑외풀이나 가막사리는 잎이 마디에서 마주난다. 개망초는 잎이 조금씩 어긋나게 달리고, 갈퀴덩굴이나 돌나물은 여러 잎이 마디에서 둥글게 돌려서 난다. 질경이나 고들빼기 뿌리잎은 뿌리에서 잎이 뭉쳐난다.

마주나기 — 밭둑외풀

어긋나기 — 개망초

돌려나기 — 갈퀴덩굴

뭉쳐나기 — 고들빼기 뿌리잎

4) 꽃

꽃은 꽃잎, 꽃받침, 암술, 수술 이렇게 네 부분으로 되어 있다. 네 가지가 다 있는 꽃도 있고 그렇지 않은 꽃도 있다. 꽃받침은 꽃잎을 받치고 꽃을 보호한다. 꽃잎은 암술과 수술을 보호한다. 수술은 수술대와 수술머리로 되어 있다. 수술머리에 있는 꽃가루주머니에서 꽃가루가 만들어진다.

암술은 암술대와 암술머리, 씨방으로 되어 있다. 암술대 아래에는 씨방이 있고, 암술대 위에는 암술머리가 있다. 수술에 있는 꽃가루가 암술머리에 붙으면 대롱을 만들면서 암술대 속으로 점점 파고 들어간다. 씨방까지 들어가서 밑씨를 만나 씨앗을 맺는다.

꽃은 색깔이 알록달록해서 눈에 잘 띄고 좋은 냄새가 난다. 또 꿀샘을 가지고 있다. 그래서 꽃가루받이를 도와 줄 온갖 벌과 나비들이 꼬여 든다.

민꽃식물

식물은 꽃을 피우고 씨앗을 맺어 무리를 늘리고 퍼지는데 고사리나 이끼, 버섯처럼 꽃을 피우지 않는 것들도 많다. 이런 식물을 '민꽃식물' 이라고 하는데, 민꽃식물은 열매를 맺지 않고 홀씨로 수를 늘리고 퍼진다.

꽃 속 생김새

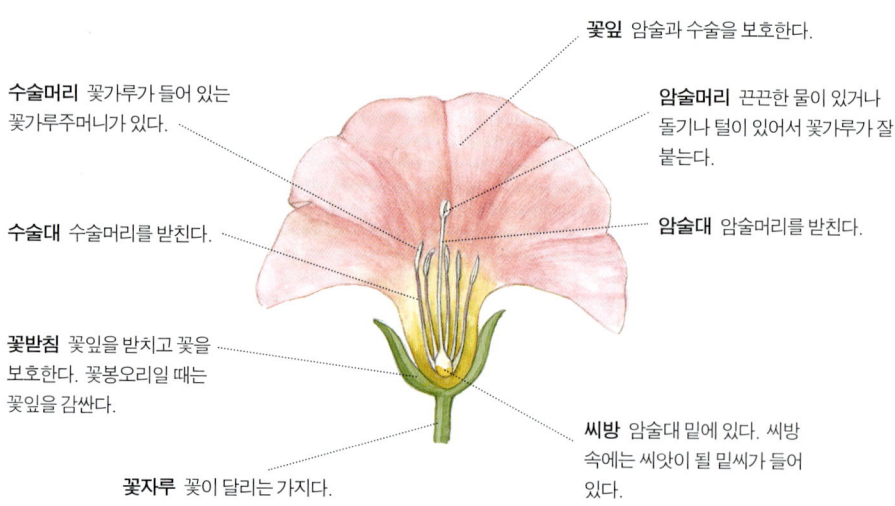

수술머리 꽃가루가 들어 있는 꽃가루주머니가 있다.

수술대 수술머리를 받친다.

꽃받침 꽃잎을 받치고 꽃을 보호한다. 꽃봉오리일 때는 꽃잎을 감싼다.

꽃자루 꽃이 달리는 가지다.

꽃잎 암술과 수술을 보호한다.

암술머리 끈끈한 물이 있거나 돌기나 털이 있어서 꽃가루가 잘 붙는다.

암술대 암술머리를 받친다.

씨방 암술대 밑에 있다. 씨방 속에는 씨앗이 될 밑씨가 들어 있다.

통꽃과 갈래꽃

　꽃은 꽃잎 모양에 따라 통꽃과 갈래꽃으로 나뉜다. 메꽃이나 잔대처럼 꽃잎이 하나로 둥글게 붙어 있는 꽃을 '통꽃' 이라고 한다. 물질경이나 가락지나물처럼 꽃잎이 여러 장으로 되어 있는 꽃을 '갈래꽃' 이라고 한다. 갈래꽃은 꽃잎을 뽑아 보면 한 장씩 쏙쏙 빠진다.

　통꽃 가운데에는 꽃잎 가장자리가 조금씩 갈라져 있어서 갈래꽃처럼 보이는 것도 있다. 큰개불알풀은 꽃잎이 네 갈래로 갈라져 있어서 갈래꽃처럼 보이지만 꽃잎 아래쪽이 붙어 있는 통꽃이다. 또 민들레나 엉겅퀴, 쑥부쟁이 같은 국화과 꽃도 갈래꽃으로 잘못 알기 쉽지만 꽃잎처럼 보이는 것 하나하나가 모두 암술과 수술을 가지고 있는 완전한 꽃이다. 국화과 꽃들은 작은 통꽃들이 수없이 뭉쳐 있어서 꽃 한 개처럼 보이는 것이다.

통꽃

애기메꽃

잔대

큰개불알풀(갈래꽃처럼 보이는 통꽃)

서양민들레(국화과 꽃)　통꽃

갈래꽃

물질경이

가락지나물

한살이

풀은 저마다 알맞은 철에 나고 자란다. 꽃을 피우고 열매를 맺고 씨앗을 남겨 널리 퍼진다. 풀은 사는 꼴에 따라서 한해살이풀과 여러해살이풀로 나뉜다.

한해살이풀에는 여름을 나는 한해살이풀과 겨울을 나는 한해살이풀이 있다. 여름을 나는 한해살이풀은 봄에 싹이 터서 여름부터 가을까지 꽃이 피고 열매를 맺는다. 추위를 피하려고 봄에 싹이 나는 것이다. 우리 땅에 사는 한해살이풀은 거의 다 여름을 나는 한해살이풀이다.

겨울을 나는 한해살이풀은 무더운 여름을 피해 가을에 싹이 터서 겨울을 난 뒤에 이듬해에 꽃이 핀다. 고들빼기, 냉이, 꽃다지 따위는 가을에 싹이 나서 땅바닥에

아주 납작하게 붙어 있다. 땅바닥에 붙어 있으면 추위를 덜 타고 땅에서 올라오는 따뜻한 기운 때문에 얼어 죽지 않고 살 수 있다.

  여러해살이풀은 한해살이풀처럼 열매를 맺을 뿐만 아니라 뿌리가 살아남아서 겨울을 나고 이듬해에 다시 싹이 돋는다. 땅 속에서 뿌리줄기나 덩이줄기 같은 것을 만들고 어린 씨눈을 만들어 이듬해 봄에도 싹이 터서 여러 해 동안 산다. 이렇게 여러 해를 사는 풀에는 쑥, 괭이밥, 쇠뜨기, 토끼풀, 잔디 따위가 있다.

1) 싹트기

봄이 되어 햇볕이 따스해지면 씨앗은 싹틀 준비를 한다. 싹이 트는 데 필요한 영양분은 씨앗 속에 들어 있다. 씨앗을 채우고 있는 씨젖이나 떡잎에 탄수화물이나 단백질 같은 여러 가지 영양분이 들어 있다.

씨앗은 싹이 트려면 알맞은 습도와 온도, 산소와 빛이 있어야 한다. 씨앗은 메말라 있을 때는 잠을 자지만 알맞은 습도가 되면 물기를 머금어 싹이 틀 준비를 한다. 껍질은 부드러워지고 안에서는 싹이 생겨난다. 씨앗 속에서 생긴 싹과 뿌리는 점점 자라서 물기를 머금어 부드러워진 껍질을 뚫고 나온다. 비가 내린 뒤에 싹이 많이 올라오는 것은 씨앗이 싹트기에 알맞은 습도가 되었기 때문이다.

씨앗이 겨울보다 봄이나 가을에 싹이 트는 것은 온도 때문이다. 싹이 트기 좋은 온도는 보통 10~15℃인데 온도가 너무 높거나 낮으면 싹이 트지 않는다. 또 햇빛을 충분히 받아야 싹이 트는 풀씨도 많다. 싹이 트려면 공기도 필요하다. 씨앗은 산소를 마시고 이산화탄소를 내보내는 숨쉬기를 하는데, 산소와 씨젖에 있는 여러 가지 영양분이 만나면 씨앗 속에 싹트는 힘이 생긴다.

서양민들레 씨앗에서 싹트는 모습

씨앗은 갓털이 달린 채 땅에 묻힌다.

뿌리가 먼저 껍데기를 뚫고 나와 아래로 뻗는다.

떡잎이 나와서 땅 위로 올라올 준비를 한다.

2) 자라기

싹이 트면서 나온 뿌리와 줄기, 어린잎은 씨젖에 있는 영양분으로 얼마 동안 자란다. 그러다가 씨젖에 있는 영양분을 다 쓰면 뿌리가 빨아들인 물과 햇빛으로 광합성을 해서 살아갈 영양분을 만들어 낸다.

풀은 자라면서 뿌리를 점점 더 깊이 내리고 곁뿌리도 여러 갈래로 뻗는다. 줄기는 가늘고 길게 뻗다가 점점 굵어진다. 줄기가 여러 개 더 나오기도 하고, 자라면서 가지를 치기도 한다. 잎은 커지고 새 잎이 더 돋는다. 잎 빛깔도 조금씩 짙어진다.

풀이 자랄 수 있는 것은 새로운 세포를 계속 만들어 내는 '생장점'이 있기 때문이다. 생장점은 뿌리 끝과 줄기 끝에 있다. 이 곳에서 세포를 만들어 내면서 뿌리는 점점 더 아래로 내려가고, 줄기는 위로 뻗어 올라간다. 쌍떡잎식물은 뿌리나 줄기 속 관다발 둘레에도 세포가 만들어 지는 부름켜가 있어서 뿌리와 줄기를 더 굵게 키울 수 있다. 여러 해를 사는 풀이나 나무들이 굵은 것은 부름켜가 있기 때문이다.

서양민들레 자라는 모습

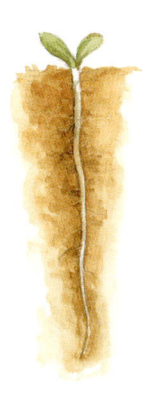

떡잎은 땅 위로 올라오고 뿌리는 땅 속으로 더 깊이 뻗는다.

원뿌리에서 곁뿌리가 나오고 본잎이 여러 장 나기 시작한다.

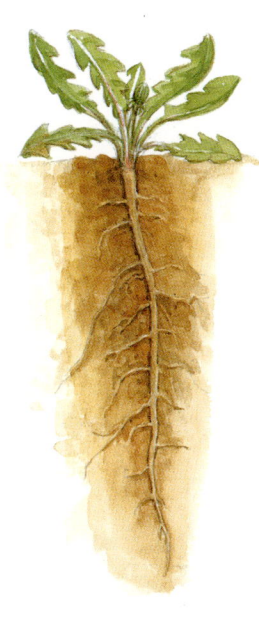

뿌리가 굵어지고 곁뿌리가 많아진다. 잎이 커지고 꽃대가 올라온다.

3) 꽃 피우기

풀은 자손을 남기려고 꽃을 피우고 열매를 맺는다. 꽃은 줄기 끝에 달리거나 꽃자루 끝에 달린다. 꽃자루는 뿌리에서 바로 나기도 하고 잎겨드랑이에서 올라오기도 한다. 꽃을 감싸고 있던 꽃덮개가 열리고 꽃잎을 펼치면 안에 있던 암술과 수술이 드러난다.

씨앗을 맺으려면 수술에 있는 꽃가루가 암술머리에 묻어야 한다. 이것을 '꽃가루받이' 라고 한다. 꽃가루받이는 스스로 하기 어렵기 때문에 바람이나 곤충, 동물의 도움을 받는다. 벌이나 나비 같은 곤충의 도움을 받는 꽃들을 '충매화' 라고 하는데, 이런 꽃들은 알록달록 빛깔이 곱고 좋은 냄새가 나고, 꿀샘이 있어서 곤충들이 좋아한다. 꽃가루를 바람이 옮겨 주는 꽃을 '풍매화' 라고 하는데, 풍매화는 꽃가루를 아주 많이 만든다. 또 새나 동물이 꽃가루를 옮겨 주기도 하고 물에 떠다니다가 꽃가루가 암술에 붙기도 한다.

가끔 광대나물이나 제비꽃 같은 풀에서 꽃잎을 열지 않는 꽃이 보이기도 하는데 이런 꽃을 닫힌 꽃이라는 뜻으로 '폐쇄화' 라고 한다. 바람이나 곤충의 도움을 받기 어려운 환경에서는 폐쇄화를 내어 안에서 스스로 꽃가루받이를 하기도 한다.

서양민들레 꽃 피는 모습

꽃대가 올라오고 동그랗게 생긴 꽃봉오리가 생긴다.

꽃대가 더 높이 자라고 꽃망울을 터뜨리기 시작한다.

꽃덮개가 다 젖혀지고 꽃이 활짝 피면 벌이나 나비가 날아든다.

4) 열매 맺기

　꽃가루받이가 끝나면 꽃잎은 지고 열매를 맺는다. 암술대 밑에 있는 씨방 속에서 씨앗이 될 밑씨가 점점 자란다. 씨방은 자라서 열매가 되고 씨를 품는다. 열매는 씨앗을 보호하거나 씨앗이 널리 퍼지게 돕는다.

　풀들은 저마다 다르게 생긴 열매를 맺는다. 까마중 열매는 동그랗고 물렁하다. 돌콩은 열매가 꼬투리로 여무는데 속에 씨앗인 콩알이 들어 있다. 도깨비바늘 열매는 겉에 씨가 붙어있다. 바랭이와 금방동사니는 꽃도 꽃이삭으로 피고 열매도 이삭으로 맺는다.

　꽃받침은 보통 꽃잎과 함께 시든다. 하지만 씨방 대신 자라서 열매가 되기도 하고 씨앗을 보호하는 단단한 껍질이나 꼬투리, 털이 되기도 한다. 뱀딸기 열매는 꽃받침이 자라서 된 것이다. 서양민들레는 꽃받침이 바뀌어 씨앗에 붙어 있는 갓털이 된 것이다.

서양민들레 열매 맺는 모습

꽃가루받이가 끝나면 꽃덮개가 다시 꽃송이를 덮는다. 꽃덮개 안에서 씨앗과 갓털이 자란다.

씨앗과 갓털이 다 자라면 꽃덮개를 열기 시작한다.

꽃덮개가 벌어지면서 갓털을 조금씩 펼친다.

갓털을 활짝 펴고 씨앗이 날아갈 준비를 한다.

5) 씨앗 퍼뜨리기

식물은 여기저기 옮겨 다니는 동물과 달리 스스로 움직일 수 없다. 그래서 씨앗을 퍼뜨리려면 바람이나 곤충, 동물, 사람의 도움을 받아야 한다. 풀들은 씨앗이 다 익으면 여러 가지 방법으로 씨앗을 널리 퍼뜨린다.

씨앗 가운데 가벼운 것은 바람에 쉽게 날려서 멀리 퍼진다. 서양민들레, 박주가리, 억새, 부들 씨앗은 가볍기도 하고 털이 있어서 바람을 타고 멀리 날아간다. 또 물 속에서 사는 검정말이나 물질경이 같은 물풀은 씨앗이 가벼워서 물에 동동 뜨는데 빗물이나 냇물에 떠서 멀리까지 퍼진다.

씨앗에 갈고리나 가시가 있거나 끈끈한 물이 나와서 짐승 털이나 사람 옷에 붙어서 멀리 옮겨지는 것도 있다. 도둑놈의갈고리, 도깨비바늘, 도꼬마리, 가막사리, 쇠무릎 씨앗이 그렇다. 제비꽃이나 괭이밥, 냉이, 이질풀은 열매가 바짝 말라서 갈라지거나 뒤틀려 터지면서 여러 곳으로 뿌려진다. 괭이밥 열매는 조금만 건드려도 작은 씨앗들이 마구 튕겨 나온다.

씨앗을 둘레에 떨어뜨리는 풀도 많다. 달개비는 열매 뚜껑이 열리면서 가까운 곳에 쏟아져 흩어지고, 강아지풀은 다 여문 이삭이 바람에 흔들리면서 씨앗이 든 작은 이삭을 이리저리 떨어뜨린다. 또 곤충이나 짐승의 먹이가 되어 퍼지는 것들도 있다. 제비꽃 씨앗에는 단맛이 도는 부분이 있는데 개미가 가져다가 단 것만 먹고 버리기 때문에 멀리까지 퍼진다.

바람에 날리는 씨앗

바람에 날리는 서양민들레 씨앗

박주가리 씨앗도 바람에 날려 퍼진다.

짐승이나 사람 옷에 붙어서 퍼지는 씨앗

장갑에 붙은 도꼬마리 씨앗과 도깨비바늘 씨앗

가막사리 씨앗도 가시가 있어서 잘 달라붙는다.

열매가 터지면서 튕겨 나가는 씨앗

제비꽃 열매는 세 갈래로 갈라졌는데 껍질이 마르면서 안에 있던 씨앗들이 튕겨 나간다.

새팥 꼬투리는 다 익으면 비틀리면서 씨앗들을 튕긴다.

아래로 쏟아지는 씨앗

땅바닥으로 떨어지는 강아지풀 작은 이삭

금방동사니 이삭도 여물면 아래로 떨어진다.

6) 겨울나기

　겨울이 오면 풀은 죽거나 뿌리만 살아남아 겨울을 난다. 여름부터 가을까지 푸르던 풀숲에는 앙상하게 마른 풀줄기만 서 있다. 한해살이풀은 가을에 씨앗을 남긴 뒤에 겨울에는 시들어 말라 버린다. 쇠비름, 깨풀, 명아주, 물달개비는 씨앗으로 겨울을 나고 이듬해 봄에 싹이 튼다.

　겨울이 와도 풀숲 땅바닥에는 아직 살아 있는 풀이 있는데 가을에 싹이 터서 겨울을 나는 한해살이풀이다. 이 풀들은 가을에 싹이 터서 추위를 이기고 겨울을 난 뒤에 봄에 자라 꽃을 피운다. 가을에 돋아난 싹은 추위를 이기려고 땅바닥에 아주 납작하게 붙어 있다. 이듬해 봄에 꽃이 피어 씨앗을 맺으면 씨앗은 무더운 여름을 지내고 가을에 싹이 튼다. 고들빼기, 냉이, 꽃다지, 뚝새풀, 벼룩나물, 달맞이꽃 따위가 겨울을 나는 한해살이풀이다.

여러해살이풀은 씨앗을 맺기도 하지만 줄기나 뿌리에 겨울눈을 내어 겨울을 나고 이듬해 봄에 싹이 터서 자란다. 땅 속에 영양분을 잔뜩 갈무리한 뿌리와 함께 비늘줄기나 덩이줄기를 만들기도 한다. 겨울눈은 찬 바람을 덜 맞으려고 땅바닥에 바짝 붙어 있거나 땅 속에 들어 있다. 여러해살이풀 가운데 쑥, 괭이밥, 쇠뜨기, 토끼풀, 잔디 따위는 뿌리나 땅속줄기에 붙은 눈으로 겨울을 난다. 겨울을 보내고 따스한 봄날에 싹이 터서 이듬해에도 자란다.

집 둘레나 길가에 사는 풀

괭이밥 *Oxalis corniculata*

줄기는 10~30㎝이며 가지를 많이 친다.
줄기와 잎에 가는 털이 있고 뿌리를 땅 속 깊이
내린다. 잎은 긴 잎자루에 어긋나게 달리는데
세 갈래로 갈라진다.

2004년 9월 경기 고양 일산

괭이밥은 고양이가 뜯어 먹는다고 '괭이밥'이라는 이름이 붙었다. 고양이는 소화가 안 되면 괭이밥을 뜯어 먹는다고 한다. 잎이나 줄기를 씹으면 시큼한 맛이 나기 때문에 '새큼풀'이라고도 한다.

괭이밥은 집 둘레, 길가, 과수원, 밭에서 흔히 자라는 여러해살이풀이다. 그늘진 곳이나 양지바른 곳이나 가리지 않고 잘 자란다. 줄기가 땅 위를 기면서 뻗어 나가는데 마디마다 뿌리를 내린다. 줄기는 가냘프지만 뿌리는 굵고 땅 속 깊숙이 박혀서 쉽게 안 뽑힌다. 잎은 거꾸로 된 심장 모양인데 토끼풀 잎처럼 세 장씩 맞붙어 있다. 꽃은 봄부터 가을까지 피는데 잎겨드랑이에서 꽃자루가 올라와 끝에 작고 샛노란 꽃이 달린다. 꽃이 지면 길쭉한 열매가 열린다. 열매가 다 익으면 껍질이 툭 터져서 씨앗이 여기저기로 튀어나간다.

괭이밥은 밤에 잎을 오므리는 재미있는 성질이 있다. 낮에는 광합성을 하려고 잎을 쫙 폈다가 밤이 되거나 날씨가 흐려서 햇빛이 사라지면 잎을 접는다. 이것을 잎이 잠을 잔다는 뜻으로 '수면 운동'이라고 한다. 자귀나무, 미모사, 결명자, 땅콩도 수면 운동을 하는 풀들이다.

손톱에 봉숭아 물을 들일 때 물이 잘 들라고 식초나 백반을 넣는데 괭이밥을 대신 찧어 넣어도 된다. 괭이밥 잎에 신맛을 내는 성분이 있는데 이것이 꽃물이 잘 들게 도와 준다. 옛날에는 벌레에 물리면 괭이밥 잎을 찧어서 바르기도 했다.

분류 괭이밥과
다른 이름 새큼풀, 시금초, 괭이싱아, 고양이밥
닮은 종 선괭이밥, 자주괭이밥
꽃 피는 때 5~9월
특징 잎에서 시큼한 맛이 난다. 밤이 되면 잎을 접는다.

괭이밥 47

그령 *Eragrostis ferruginea*

키는 30~80㎝이다. 줄기는 가지를 안 친다. 잎은 길이가 30~40㎝이고 너비가 2~6㎜ 이다. 잎 아래쪽과 잎집에 털이 있다. 꽃이삭은 길이가 20~40㎝이고 잔가지가 넓게 퍼진다.

2003년 8월 경기 포천 국립수목원

그령은 햇빛이 잘 드는 길가, 냇가나 저수지 둑, 풀밭, 빈 땅에서 자라는 여러해살이풀이다. 수크령처럼 사람이나 집짐승 발에 밟히거나 농기계 바퀴에 눌려도 잘 살아서 시골 논길에서 흔하게 볼 수 있다.

그령은 한 뿌리에서 줄기가 여러 개 나와서 큰 포기를 이룬다. 줄기와 잎은 아주 가늘고 길다. 꽃은 8~9월에 피는데, 꽃줄기에서 잔가지가 넓게 퍼지고 끝에 꽃이삭이 달린다. 씨앗은 아주 작은데 붉게 익으면 껍질 밖으로 빠져 나온다. 씨앗은 바람에 날리거나 빗물에 실려 퍼지고 때로는 짐승 털이나 사람 옷에 묻어서 멀리 퍼진다. 가을 이른 아침에 논길을 걸으면 그령 씨앗뿐만 아니라 온갖 풀씨가 신발이나 발목에 이슬이랑 닥지닥지 덧묻는다.

그령은 줄기 아래쪽에 생장점이 있어서 줄기가 잘려 나가거나 부러지거나 눌려도 다시 새로운 줄기가 나온다. 또 수염뿌리를 땅 속 깊이 내리기 때문에 메마른 땅에서 오랫동안 살 수 있다. 밭갈이를 자주 하는 밭에는 잘 살지 못하지만, 묵정밭에는 쉽게 들어와 자리를 잡고 산다.

그령 줄기와 잎은 공예품을 만들 때 쓴다. 잎사귀가 질겨서 새끼줄 대신 쓰기도 한다. 집짐승을 먹이기도 하고 뿌리는 약으로도 쓴다.

분류 벼과
다른 이름 암크령, 암그령, 꾸부령
닮은 종 좀새그령, 각시그령, 비노리
꽃 피는 때 8~9월
특징 줄기나 잎으로 공예품을 만든다.

꽃마리 *Trigonotis peduncularis*

키는 10~30㎝이다. 줄기와 잎에 짧은 털이 있다. 뿌리에서 나온 잎은 잎자루가 길고 뭉쳐난다. 위로 갈수록 잎자루가 짧아진다.

2004년 4월 경기 고양 일산

꽃마리는 꽃대가 달팽이 집처럼 도르르 말려 있다가 펴지면서 꽃이 핀다. 그래서 '꽃마리'라는 이름이 붙었다. '꽃말이'라고도 하고, 냉이와 닮았다고 '꽃냉이'라고도 한다. 이른 봄에 과수원이나 밭둑에 무리를 이루어 꽃이 한창 피면 연한 남색 물결이 곱다. 어린순은 나물로 먹고 꽃 필 무렵에 캐서 말렸다가 약으로도 쓴다.

꽃마리는 길가, 집 둘레, 과수원, 논둑, 밭둑에 자라는 한해살이풀이다. 햇빛이 드는 곳을 좋아하는데 조금 그늘진 곳에서도 잘 산다. 가을에 나서, 냉이처럼 땅바닥에 바짝 붙은 채로 겨울을 보낸다. 이듬해 봄에 꽃이 피고 열매를 맺는다. 가끔 봄에 싹이 나는 것도 있다. 4~7월에 돌돌 말려 있는 꽃줄기에 꽃이 빽빽하게 달린다. 꽃줄기는 자라면서 점점 풀리는데, 먼저 풀린 아래쪽부터 차례로 꽃이 핀다. 꽃봉오리는 연분홍색이지만 꽃이 피면 하늘색이다. 통꽃이지만 꽃 가장자리가 다섯 갈래로 깊게 갈라져서 꽃잎이 다섯 장처럼 보인다. 열매는 익으면서 네 쪽으로 갈라진다.

분류 지치과
다른 이름 꽃말이, 꽃따지, 꽃냉이, 잣냉이
꽃 피는 때 4~7월
특징 꽃이 말려 있다가 펴지면서 핀다.

꽃마리 어린잎

달맞이꽃 *Oenothera biennis*

키는 2m쯤 자란다. 줄기는 가지를 치고
긴 털이 성글게 난다. 꽃잎은 네 장인데
가운데가 오목하게 들어가 있다. 열매는
2㎝쯤으로 길쭉하게 생겼다.

2003년 8월 경기 고양

달맞이꽃은 밤에 꽃이 핀다. 낮에는 꽃잎을 곱게 접고 있다가 밤이 되면 달을 맞이하듯이 활짝 피어난다고 이름이 '달맞이꽃'이다. 밤이 깊어 갈수록 향기를 내뿜으며 밤을 밝힌다고 '야래향'이나 '월하향'이라고도 한다. 구름이 많이 끼거나 안개가 짙어 어두운 날에는 낮에 꽃이 피기도 한다.

달맞이꽃은 길가, 냇가나 산에서 자주 볼 수 있는 한해살이풀이다. 어디서나 잘 자라고 금방 무리를 이룬다. 겨울을 나는 한해살이풀인데 여름이나 가을에 싹이 터서 땅에 바짝 붙어 겨울을 보낸다. 이듬해 봄에 줄기가 곧게 올라오고 잎이 어긋나게 달린다. 잎은 둥글고 길쭉하게 생겼다.

꽃은 6~9월 사이에 피는데, 잎겨드랑이에서 꽃대가 올라오고 끝에 샛노란 꽃이 핀다. 시원한 밤 바람에 꽃가루받이를 하고 열매를 맺는다. 열매 속에는 씨앗이 많이 들어 있는데, 이 씨앗으로 기름을 짜서 먹기도 하고 약으로도 쓴다. 한방에서는 달맞이꽃 씨앗을 '월견자'라고 하여 약재로 써 왔다. 여드름이나 습진 같은 피부병에도 좋고 혈압이 높거나 당뇨병이 있는 사람에게도 약효가 있다.

분류 바늘꽃과
다른 이름 월견초, 야래향, 월하향, 해방초
닮은 종 큰달맞이꽃, 애기달맞이꽃, 긴잎달맞이꽃
꽃 피는 때 6~9월
특징 꽃이 밤에 핀다.

달맞이꽃 어린잎

도꼬마리 *Xanthium strumarium*

키는 1m쯤이다. 줄기에 털이 많고, 검붉은 반점이 듬성듬성 나 있다. 잎은 어긋나게 달리는데, 잎자루가 길다. 잎은 세모꼴인데 넓다. 열매는 1㎝쯤 되고 가시가 나 있다.

2002년 9월 경기 수원

도꼬마리는 길가나 밭 둘레, 도랑 가, 냇가에서 흔히 볼 수 있는 한해살이풀이다. 소금기가 있는 땅에서도 잘 자라서 섬이나 바닷가에서도 많이 자란다. 어린잎은 나물로 먹거나 시루떡을 할 때 넣기도 한다. 씨앗은 약으로 많이 쓰는데 축농증에 좋은 약이라고 이름나 있다. 벌레에 물렸을 때 줄기와 잎을 비벼서 바르면 독이 빨리 빠진다고 한다.

도꼬마리 줄기는 곧게 자라는데 억세고 짧은 털이 빽빽하게 나 있다. 한여름에 줄기와 가지 끝에 연노랑 꽃이 피는데 암꽃과 수꽃이 따로 핀다. 암꽃이 지면 둥글고 길쭉한 열매가 열린다. 열매는 다 익은 뒤에도 달려 있다가 짐승이나 사람이 지나갈 때 털이나 옷에 붙어서 멀리까지 퍼진다. 열매에는 갈고리 같은 가시가 많아서 옷에 붙으면 잘 안 떨어진다. 또 열매가 가벼워서 물에 떠서 퍼지기도 한다. 그래서 물가에 도꼬마리가 흔하다. 열매 속에는 씨앗이 두 개씩 들어 있는데, 한꺼번에 싹이 트지 않고 따로따로 싹이 튼다.

농부들은 밭이나 목장에 나는 도꼬마리를 잡초로 여긴다. 열매에 있는 뾰족한 가시는 사람 살갗을 긁고, 양처럼 털을 얻으려고 기르는 짐승에 달라붙어서 털을 망치기 때문이다. 또 잎에는 독이 있어서 집짐승에게 먹이면 안 된다.

분류 국화과
닮은 종 큰도꼬마리, 가시도꼬마리
꽃 피는 때 8~9월
특징 열매가 짐승이나 사람 옷에 잘 붙는다.

돌나물 *Sedum sarmentosum*

잎은 길이가 1~2㎝쯤 되고 둥글고 길쭉하다.
꽃잎은 다섯 장인데 끝이 뾰족하다. 줄기와 잎은
물이 많아서 만지면 말랑말랑하다.

2004년 6월 서울 마포

돌나물은 축축한 바위틈이나 산기슭에서 자라는 여러해살이풀이다. 돌 틈에서 잘 자라 '돌나물' 이라는 이름이 붙었다. 우리 겨레가 옛날부터 나물로 흔히 먹던 풀이다. 집 둘레에 저절로 나기도 하는데 나물로 먹으려고 돌담 밑이나 텃밭 가에 심어 기르기도 한다. 옮겨 심기도 무척 쉽다. 줄기를 잘라 땅에 묻어 두면 금방 새 뿌리를 내리고 무리를 늘린다.

이른 봄에 싹이 나면 캐어다가 무쳐서 나물로 먹거나 물김치를 담가 먹는다. 새콤달콤한 초고추장에 무쳐 먹기도 하고 묵이나 두부 요리에 곁들여 먹기도 한다. 비타민과 칼슘이 많이 들어 있어서 몸에도 좋다. 돌나물은 약으로 쓰기도 하는데, 열을 내리거나 부기를 가라앉히는 데 좋다. 불에 데었을 때나 벌레에 물렸을 때도 쓴다.

돌나물 줄기는 땅 위를 기면서 자라는데 마디에서 새로운 뿌리가 나온다. 잎은 마디마다 세 장씩 돌려나는데 잎자루가 없다. 빛깔은 연두색인데 물이 많이 들어 있어서 오동통하다. 물이 많다고 돌나물을 '수분초' 라고도 한다. 꽃은 5~6월에 핀다. 꽃자루 끝에 별처럼 생긴 노란 꽃이 여러 개 모여난다. 빨리 자라고 꽃이 오랫동안 피어 있어서 잔디 대신 심기도 한다.

분류 돌나물과
다른 이름 돈나물, 석상채, 불갑초, 석련화, 수분초
닮은 종 땅채송화, 바위채송화
꽃 피는 때 5~6월
특징 봄나물로 많이 먹는다.

돌소리쟁이 *Rumex obtusifolius*

키는 60~120㎝이다. 잎은 어긋나기로 달리고 위로 갈수록 작아진다. 길이가 10~25㎝이다. 잎 가장자리는 물결 모양으로 주름져 있다.

2003년 7월 전북 부안 변산

돌소리쟁이는 유럽에서 들어온 여러해살이풀이다. 집 둘레나 길가, 산기슭이나 강둑, 과수원에서 흔하게 자란다. 가뭄이 들어도 잘 살고 뿌리가 끊어져도 다시 난다. 밭에 뿌리를 내리고 자라면 없애기 어렵다. 돌소리쟁이 어린싹은 데쳐서 나물로 무쳐 먹는다. 뿌리는 캐서 뜨거운 물이나 불에 덴 곳에 바르면 잘 낫는다. 설사약으로도 쓴다.

돌소리쟁이는 소리쟁이와 많이 닮았는데 잎이 훨씬 크다. '소리쟁이' 라는 이름은 자잘한 열매들이 바람에 흔들리며 소리를 낸다고 붙은 이름이다. 돌소리쟁이 같은 소리쟁이 무리는 열매를 아주 많이 맺는다.

돌소리쟁이는 여름에서 가을 사이에 싹이 트는데 땅에 바짝 붙어 겨울을 난다. 봄이 되면 줄기가 위로 곧게 자란다. 눈에 안 띄게 조금씩 자라다가 뿌리를 깊이 내리면 키가 한꺼번에 부쩍 커진다. 줄기가 굵어지고 잎도 커진다. 꽃은 6~8월에 피는데 짙은 녹색이고 꽃잎이 없다. 씨앗은 날개처럼 생긴 납작한 꽃받침에 싸여 있어서 바람에 날려 멀리까지 굴러다닌다. 빗물에 둥둥 떠서 흘러가기도 하고, 짐승이 먹고 싼 똥에 섞여서 먼 곳까지 퍼지기도 한다. 씨앗을 감싸고 있는 껍질이 단단해서 짐승이 먹어도 똥으로 나온다.

소리쟁이 열매

분류 마디풀과
다른 이름 소리쟁이, 돌소루쟁이, 세포송구지, 개대황
닮은 종 소리쟁이, 참소리쟁이, 좀소리쟁이, 금소리쟁이
꽃 피는 때 6~8월
특징 바람이 불면 열매들이 서로 부딪히면서 소리를 낸다.

돌콩 *Glycine soja*

키가 2m쯤 된다. 줄기는 가늘고 긴데 덩굴지며 자란다. 잎겨드랑이에서 꽃자루가 나오는데 2~5㎝쯤 자란다. 열매는 밤색 꼬투리인데 길이가 2~3㎝이다.

2004년 8월 강원 횡성

돌콩은 햇볕이 잘 들고 기름진 땅에서 잘 자라는 한해살이풀이다. 집 둘레나 길가, 산기슭, 밭둑, 과수원, 냇가, 강둑, 물기가 많은 묵은 논에서 산다.

돌콩은 가까이에 있는 풀이나 나무를 휘감고 올라가면서 자란다. 잎은 어긋나게 달리는데 잎자루 하나에 쪽잎 세 장이 달려 있는 겹잎이다. 잎과 줄기에 거친 밤색 털이 나 있다. 7~8월에 잎겨드랑이에서 꽃줄기가 나오고 끝에 나비처럼 생긴 자주색 꽃이 달린다. 열매는 꼬투리로 달리는데 밤색 털이 나 있다. 꼬투리 하나에는 밤색 콩알이 서너 개 들어 있다.

돌콩은 우리가 먹으려고 기르는 콩의 조상이 되는 풀이다. 그래서 콩을 여러 가지 품종으로 개량할 때 돌콩이 쓸모가 많다. 하지만 돌콩이 밭에 나면 줄기가 곡식이나 채소를 휘감아 버린다. 그러면 곡식은 햇빛을 못 받아서 제대로 자라지 못한다.

돌콩 씨앗은 약으로 쓴다. 눈을 밝게 하고 위장을 튼튼하게 하고 소화를 돕는다. 또 씨앗에는 지방, 단백질, 탄수화물, 비타민이 많이 들어 있어서 몸에 이롭다. 돌콩은 베어다가 집짐승을 먹이기도 한다.

분류 콩과
다른 이름 야생콩, 야료두
닮은 종 콩
꽃 피는 때 7~8월
특징 나무나 풀을 휘감고 자란다.

돌콩 꼬투리

돼지풀 *Ambrosia artemisiifolia*

키가 30~180㎝이다. 줄기는 곧게 선다. 잎은 깃꼴로 갈라지는데 아래쪽은 마주나고, 위쪽은 어긋난다. 잎 뒷면은 잿빛인데 부드러운 털이 빽빽하게 나 있다.

2004년 10월 경기 고양

돼지풀은 길가나 밭, 산기슭, 빈 땅에서 무리지어 자라는 한해살이풀이다. 메말라서 푸석푸석한 땅이건 기름진 땅이건, 물기가 많거나 적거나 가리지 않고 아무 데서나 잘 산다. 아주 빨리 퍼져서 농사를 짓지 않은 묵정밭을 뒤덮기도 한다. 잎이 쑥잎처럼 생겼다고 '쑥잎풀', 두드러기를 나게 한다고 '두드러기풀' 이라고도 한다.

돼지풀 줄기는 가지를 많이 치고 온몸에 짧은 털이 나 있다. 꽃은 8~9월에 핀다. 암꽃은 녹색인데 수꽃 아래에 두세 개씩 잎겨드랑이에 달린다. 수꽃은 10~15개가 대롱처럼 길게 붙어서 피는데 노랗다. 꽃가루는 바람에 날려 멀리까지 퍼진다. 돼지풀 꽃가루는 알레르기나 콧병, 눈병, 호흡기병을 일으키기도 한다. 그래서 돼지풀은 집짐승 먹이로는 안 쓴다.

돼지풀 씨앗에는 부리처럼 생긴 가시 돌기가 있어 짐승이나 농기구에 쉽게 붙어 퍼진다. 또 물에 잘 떠서 홍수가 나면 강물을 따라서 멀리 퍼지기도 한다. 돼지풀에는 귀리나 양파 같은 곡식이 싹트지 못하게 하는 성질이 있어서 밭에 나면 농부들이 꼭 뽑아 낸다. 하지만 피를 멈추게 하는 약이나 소화가 잘 안 될 때 먹는 약으로 만들기도 한다.

돼지풀 어린잎

분류 국화과
다른 이름 쑥잎풀, 두드러기풀, 두드러기쑥
닮은 종 단풍잎돼지풀
꽃 피는 때 8~9월
특징 잎이 쑥과 닮았다.

띠 *Imperata cylindrica* var. *koenigii*

키가 30~80cm이다. 줄기는 곧게 서서
자라는데 길어지면 조금 휜다. 잎은 뭉쳐나는데
끝이 뾰족하고 아래쪽으로 갈수록 점점
좁아진다. 꽃은 둥근 기둥 모양인데 길다.

2003년 5월 서울 마포 하늘공원

띠는 햇볕이 잘 드는 곳에서 사는 여러해살이풀이다. 오랫동안 가물어도 잘 살고 비가 많이 와서 물에 잠겨도 잘 산다. 길가, 논, 밭, 과수원, 강둑, 냇가, 바닷가 마른 모래밭에서 자란다. 잔디밭이나 과수원에 들어와 자리를 잡고 살기 시작하면 뿌리를 깨끗하게 없애는 게 아주 어렵다.

띠는 봄에 꽃이 잎보다 먼저 나온다. 꽃은 이삭으로 피는데 길이가 10~20cm이고 새하얗다. 아직 꽃이 안 핀 꽃이삭을 '삘기'라고도 하는데 옛날 시골 아이들은 삘기를 뽑아 속살을 질겅질겅 씹기도 했다. 삘기는 씹으면 단맛이 조금 우러난다. 꽃이삭이 길게 자라면 꽃가루받이를 한다. 띠는 암술보다 수술이 먼저 핀다. 그래서 먼저 핀 수술 꽃가루가 바람에 날려 다른 풀에 난 암술에 붙는다. 꽃가루받이가 끝난 뒤에는 긴 털이 뻗어 나와 꽃이삭은 하얀 털로 뒤덮인다. 씨앗은 다 익으면 바람에 날려 멀리까지 퍼진다. 띠는 뿌리줄기를 옆으로 뻗으며 무리를 늘리기도 하는데, 뿌리줄기는 가늘고 길며 마디져 있다. 마디마다 싹눈이 붙어 있다.

띠는 잔디처럼 뿌리줄기가 땅 속 깊숙이 얽히고설켜서 자라기 때문에 흙을 단단하게 잡아매는 성질이 있다. 나무를 베어 낸 산이나 땅을 깎아 낸 곳에 산사태를 막으려고 심는다. 또 강둑이나 바닷가 모래 언덕에 심어 흙이나 모래가 안 쓸려 나가게 한다.

분류 벼과
다른 이름 띡, 삘기, 삐비, 백모
꽃 피는 때 5~6월
특징 잎보다 꽃이삭이 먼저 나온다.

메꽃 *Calystegia sepium var. japonicun*

줄기는 덩굴로 자란다. 잎 길이는 5~10㎝
너비는 2~5㎝다. 잎은 귀처럼 생겼는데
둥글다. 꽃잎은 지름이 5㎝쯤 된다. 꽃에는
수술이 다섯 개, 암술이 한 개 있다.

2003년 8월 경기 고양 일산

메꽃은 덩굴지며 자라는 여러해살이풀이다. 나팔꽃과 닮았는데 잎 모양이 다르다. 나팔꽃 잎은 둥근데 메꽃 잎은 가늘고 길쭉하다.

메꽃은 밭이나 밭둑에서 나고 강둑이나 산기슭에도 흔하다. 이른 봄에 싹이 트고 여름에 꽃이 핀다. 줄기가 다른 풀이나 나뭇가지를 휘감고 올라간다. 잎은 어긋나는데 길쭉하게 생겼고 잎자루가 길다. 꽃은 6~8월에 피는데 나팔꽃처럼 깔때기 모양으로 생겼다. 잎겨드랑이에서 나온 기다란 꽃자루 끝에 분홍색 꽃이 한 송이씩 핀다. 꽃은 낮에 피었다가 저녁에 진다. 꽃을 많이 피우지만 열매를 맺는 일은 드물다. 흔히 땅속줄기로 번식을 하기 때문이다. 그래도 가끔 열매를 맺어 씨앗을 퍼뜨린다.

메꽃이 밭이나 과수원에 들어와서 자라면 끈질기게 나서 좀처럼 없애기 힘들다. 밭에 심어 둔 곡식을 감고 올라가서 해를 끼친다. 뿌리를 땅 속 깊숙한 곳까지 뻗어 내리는데 땅을 갈 때 잘려도 뿌리 조각에서 싹이 터서 자란다.

메꽃 어린순은 나물로 먹고 뿌리와 꽃은 약으로 쓴다. 이른 봄에 뿌리줄기를 캐서 밥에 넣어 먹기도 한다. 뿌리째 뽑아 햇볕에 말려서 약으로 쓰는데 열을 내리고 혈압을 떨어뜨리며 오줌이 잘 나오게 하는 약효가 있다.

애기메꽃

분류 메꽃과
다른 이름 좁은잎메꽃, 가는잎메꽃, 가는메꽃
닮은 종 큰메꽃, 애기메꽃, 서양메꽃, 갯메꽃
꽃 피는 때 6~8월
특징 어린순을 나물로 먹는다.

미국자리공 *Phytolacca americana*

키는 1~2.5m인데 줄기와 가지가 자주색이다. 잎은 어긋나기로 달리고 잎맥이 뚜렷하다. 꽃대 길이는 10~15cm이다. 꽃잎은 없고 꽃덮이가 다섯 장이다.

2004년 9월 서울 마포

미국에서 들어온 귀화 식물이라고 '미국자리공' 이라는 이름이 붙었다. 본디 북아메리카가 원산지인 여러해살이풀이다. 1950년쯤 우리 나라에 들어와서 지금은 곳곳에 널리 퍼졌다. 밭, 빈 땅, 집 둘레, 길가, 냇가에서 잘 자라는데 소나무 숲 가장자리에 떼로 자라기도 한다.

　미국자리공 줄기는 곧추서는데 붉은색을 띤 자주색이다. 6~9월에 불그스름한 흰색 꽃이 핀다. 꽃대는 아래로 늘어진다. 열매는 포도송이처럼 열리는데 동그랗고 검붉은 자주색이다. 옷이 열매에 닿아 한 번 물이 들면 색이 잘 안 빠진다. 주로 씨앗으로 퍼진다.

　미국자리공 열매는 붉은색을 내는 데도 쓰고 잉크를 만들 때 쓰기도 한다. 뿌리를 약으로도 쓰는데 종기가 나거나 피부병이 생기면 짓찧어 붙인다. 어린 순을 데쳐서 먹기도 한다. 하지만 열매는 독이 있어서 함부로 먹으면 배가 아프거나 머리가 아플 수 있다.

　미국자리공은 공장이 많은 곳에서도 흔하게 볼 수 있다. 공기가 더럽거나 흙이 오염되어 산성을 띠는 곳에서도 잘 살기 때문이다. 우리가 흔히 보는 자리공은 거의 미국자리공이다. 토박이 자리공은 드물어서 보기 어렵다.

분류 자리공과
다른 이름 빨간자리공, 자리공, 미상륙, 미국장녹
닮은 종 자리공, 섬자리공
꽃 피는 때 6~9월
특징 까맣고 동그란 열매가 포도송이처럼 달린다.

박주가리 *Metaplexis japonica*

줄기는 3m쯤 자란다. 잎은 마주나는데
심장꼴이고 끝이 뾰족하다. 잎겨드랑이에서
나온 꽃자루에 꽃이 여러 개 모여서 핀다.
꽃 속에 털이 빽빽하게 나 있고 꽃잎이
바깥으로 말린다.

2004년 8월 서울 양천

박주가리는 햇볕이 잘 드는 마른 땅에서 사는 여러해살이풀이다. 집 둘레, 밭, 강둑, 산기슭에서 자란다. 줄기는 덩굴지는데 다른 풀이나 나무를 빙빙 감아 오른다. 줄기에 짧은 털이 많아서 다른 것을 잘 붙잡고 휘감는다. 박주가리는 시계가 도는 방향인 오른쪽으로 감아 올라간다. 덩굴지는 풀 가운데에는 칡이나 나팔꽃처럼 왼쪽으로 감아 올라가는 것도 있고, 더덕처럼 제멋대로 감는 것도 있다.

꽃은 한여름에 피는데 연한 자주색이거나 흰색이다. 넓은 종처럼 생겼는데 꽃잎이 다섯 갈래로 갈라진다. 열매는 뿔처럼 생겼고 깊게 패인 굵은 세로줄이 하나 있다. 열매가 다 익어서 마르면 세로줄이 갈라져서 터진다. 씨앗은 아주 납작한데 명주실같은 하얀 털이 많이 달려 있어서 민들레 씨앗처럼 바람에 날려 멀리 퍼진다. 씨앗으로도 퍼지지만 땅속줄기로 번식을 하기도 한다.

박주가리 연한 순은 뜯어서 데친 뒤에 나물로 먹는다. 독이 조금 있어서 잘 우려내서 먹어야 한다. 열매를 따서 먹기도 하고 다 여문 열매는 쪼개서 씨앗을 '후후' 불어 바람에 날리며 논다. 씨앗에 붙은 털은 솜 대신 도장밥으로 쓰거나 바늘 쌈지를 만들 때 넣기도 한다. 다쳐서 피가 날 때 박주가리 솜털로 닦으면 피가 잘 멈춘다. 잎과 열매는 약으로도 쓴다.

분류 박주가리과
다른 이름 나마자
닮은 종 왜박주가리, 흑박주가리, 큰조롱
꽃 피는 때 7~8월
특징 열매 속에 하얀 털이 달린 씨앗이 들어있다.

박주가리 열매와 씨앗

뱀딸기 *Duchesnea indica*

줄기는 땅 위를 긴다. 잎은 어긋나는데 가장자리가 톱니처럼 삐죽삐죽하다. 열매는 지름이 1㎝쯤이다.

2003년 5월 서울 양천

뱀딸기가 사는 곳 둘레에 뱀이 많이 돌아다녀서 '뱀딸기'라는 이름이 붙었다. '뱀이 먹는 딸기'라고 뱀딸기라고 하는데 뱀이 먹지는 않는다. 햇빛이 잘 들고 기름지고 축축한 땅을 좋아하는데 집 둘레, 산기슭, 풀밭, 도랑 가에서 흔히 볼 수 있다.

뱀딸기 줄기는 땅 위를 기면서 뻗어 나간다. 줄기에 가늘고 긴 털이 빽빽하게 나 있다. 마디에서 잎자루가 올라오는데 잎자루 하나에 잎이 세 장씩 달린다. 4~5월에 잎겨드랑이에서 긴 꽃대가 나와서 노란 꽃이 핀다. 꽃이 지면 새빨갛고 동그란 열매가 열린다. 열매에는 붉은 씨앗들이 오톨도톨하게 달려 있다. 딸기처럼 씨앗이 박혀 있지 않아서 익으면 쉽게 떨어진다. 열매를 맺고 나면 기는줄기를 더 많이 뻗어 무리를 늘리기도 한다.

뱀딸기 열매는 무척 먹음직스러워 보이지만 먹어 보면 밍밍하니 별맛이 없다. 너무 많이 먹으면 배앓이를 할 수도 있다. 그래서 옛날 어른들은 아이들이 못 따 먹게 하느라고, 뱀이 뱀딸기를 핥아 놓는다고 겁을 주기도 했다. 뱀딸기는 약으로 쓴다. 초가을에 뿌리째 캐서 푹 달여 먹으면 기침이나 감기에 좋다. 벌레에 물리거나 종기가 나면 잎을 찧어 붙이기도 한다. 물감으로도 쓰는데, 철을 매염제로 쓰면 옷감을 보라색으로 물들일 수 있다.

분류 장미과
다른 이름 배암딸기, 큰배암딸기, 홍실뱀딸기, 산뱀딸기
꽃 피는 때 4~5월
특징 딸기와 닮은 빨간 열매가 달린다.

봄맞이 *Androsace umbellata*

키는 5~10cm이다. 잎은 뿌리에서
10~30장씩 뭉쳐난다. 잎 가장자리는
굵은 톱니 모양이고 앞뒷면에 털이 나 있다.
꽃은 흰색이고 꽃줄기 끝에 4~10개가
우산 모양으로 달린다.

2005년 5월 서울 양천

봄맞이는 이른 봄에 꽃이 핀다. 봄을 맞이하러 꽃이 핀다고 '봄맞이' 라는 이름이 붙었다. 구릿빛을 띠는 잎이 땅에 붙어 있는데 동전이 떨어져 있는 것처럼 보인다고 '동전초' 라고도 한다. 햇볕이 잘 들고 기름진 땅을 좋아한다. 풀밭, 밭둑, 길가, 산기슭에서 자라는 한해살이풀이다.

봄맞이는 줄기가 따로 없고 잎이 뿌리에서 바로 난다. 뿌리에서 잎 수십 개가 뭉쳐나 땅에 붙어 자란다. 잎자루가 짧아 잎이 오밀조밀 붙어 보인다. 꽃은 3~4월에 피는데 꽃줄기가 여러 개 올라온다. 꽃줄기는 5~10cm쯤 자라는데 위쪽에서 다시 4~10개로 가지를 친다. 가지 끝에 작고 하얀 꽃이 하나씩 달린다. 5월쯤에 열매가 익는데, 다 익은 열매는 다섯 갈래로 갈라지면서 씨앗이 흩어진다. 씨앗은 물이나 바람을 타고 퍼진다.

봄맞이 어린순은 나물로 먹고 국으로도 끓여 먹는다. 약으로도 쓰는데, 머리가 아프거나 이가 아플 때 진통제로 쓴다. 또 멍이 들거나 뜨거운 물에 데었을 때 상처에 바르기도 한다.

분류 앵초과
다른 이름 보춘화, 동전초, 점지매, 후롱초
닮은 종 애기봄맞이
꽃 피는 때 4~5월
특징 잎은 바닥에 붙어나고 꽃대가 높이 올라온다.

새팥 *Vigna angularis var. nipponensis*

줄기는 2~3m이고 털이 성글게 나 있다. 잎은 쪽잎이 세 장 나 있는 겹잎이다. 잎은 길이 3~7cm, 너비 2~5cm인데 얇으며 털이 흩어져 있고 턱잎에도 털이 빽빽하다.

2005년 8월 충북 청원

새팥은 햇빛이 잘 드는 기름진 땅을 좋아하는 한해살이풀이다. 밭, 빈 땅, 길가, 너른 들판 풀숲에서 자라는데 찰진 흙보다는 모래가 조금 섞여 있는 흙에서 더 잘 자란다. 둑처럼 흙이 잘 쓸려 내려가는 곳에 심으면 뿌리가 얽히면서 흙을 단단히 잡아준다.

　새팥은 줄기가 가늘고 긴데 덩굴지어 다른 나무나 풀을 휘감고 오른다. 긴 잎자루에 쪽잎이 세 장씩 모여난다. 꽃은 8월에 피는데 연노란 꽃이 잎겨드랑이에서 두세 송이씩 핀다. 열매는 팥처럼 꼬투리로 맺는데 검은 밤색이다. 꼬투리 속에 든 씨앗은 팥알보다 작고 푸르스름한 밤색이다. 씨앗으로 퍼지는데 짐승과 사람이 퍼뜨린다.

　새팥은 곡식으로 기르는 팥의 조상이 되는 풀이다. 그래서 팥 품종을 개량할 때 쓸모가 있다. 집짐승을 먹이려고 심어 기르기도 하고 밭을 기름지게 하려고 일부러 심기도 한다. 다 자라면 땅을 갈아엎고 곡식을 심거나 채소를 심어 기른다. 이렇게 퇴비로 심어 기르는 식물을 '녹비 식물'이라고 한다. 녹비 식물에는 얼치기완두나 자운영 같은 풀이 있는데 밭에서 그대로 썩어 거름이 된다.

새팥 꼬투리

분류 콩과
다른 이름 돌팥, 산녹두, 삼열엽채두
닮은 종 팥, 좀돌팥, 여우팥
꽃 피는 때 8월
특징 다른 나무나 풀을 휘감으면서 자란다.

서양민들레 *Taraxacum officinale*

줄기가 따로 없고 잎과 꽃자루가 뿌리에서 바로 난다. 잎은 깃 모양으로 깊게 갈라지고 가장자리가 밋밋하다. 꽃대 끝에 샛노란 꽃이 동그랗게 핀다.

2004년 4월 경기 고양 일산

유럽에서 들어왔다고 이름이 '서양민들레'다. 산이나 들, 밭둑이나 길가에 아주 흔하게 자라는 여러해살이풀이다. 어디에서나 잘 자라고 금방 무리를 늘려서 지금은 민들레보다도 더 흔한 들꽃이 되었다. 민들레와 많이 닮았는데 꽃이 더 샛노랗고, 꽃받침이 아래로 뒤집혀 있다. 담장 밑이나 보도블록 사이 시멘트 바닥 좁은 틈도 비집고 올라와서 자란다.

서양민들레는 땅 속 깊이 뿌리를 뻗는다. 잎은 뿌리에서 뭉쳐나 둥글게 퍼진다. 꽃은 이른 봄부터 가을까지 계속해서 피고 지고 한다. 따뜻한 지방에서는 겨울에도 서양민들레 꽃을 볼 수 있다. 뿌리에서 꽃자루가 올라와 노란 꽃이 피는데, 둘레 풀들이 많으면 꽃자루가 더 높이 자란다. 비가 오거나 밤이 되면 꽃덮개가 오므라들어 꽃을 보호한다. 꽃이 지면 꽃자루가 바닥에 누웠다가 열매가 익을 때쯤 씨앗이 바람에 날리기 좋게 다시 꼿꼿하게 선다. 씨앗 하나하나에는 우산 모양으로 퍼지는 갓털이 달려 있어서 멀리까지 날아간다. 다 여문 씨앗이 붙은 꽃대는 아이들이 가지고 놀기 좋은 놀잇감이다. 꽃대를 꺾어서 '후' 하고 불면 하얀 씨앗들이 공기 중에 흩어져서 날아간다.

분류 국화과
다른 이름 포공영, 민들레
닮은 종 민들레, 좀민들레, 산민들레, 흰민들레
꽃 피는 때 3~10월
특징 씨앗은 바람에 날려 퍼진다.

서양민들레 어린잎

쇠뜨기 *Equisetum arvense*

영양줄기
키가 30~40㎝이다. 처음에는 비스듬히 자라다가 나중에는 곧추선다. 줄기는 마디져 있는데 마디 끝에 작은 비늘잎이 돌려난다. 줄기는 거칠고 딱딱하다.

2004년 5월 경기 광명

생식줄기(뱀밥)
4~5월에 땅 위로 솟아 나온다. 끝에 홀씨주머니 이삭이 하나 달린다. 이삭은 동그란데 거북이 등처럼 육각형 무늬가 있다.

2004년 4월 서울 양천

소가 잘 뜯어 먹는다고 이름이 '쇠뜨기'다. 하지만 소가 먹으면 배탈이 나고 설사를 한다. 그래서 강둑에 매어 둔 소가 쇠뜨기를 뜯어 먹으려고 하면 고삐를 잡아당겨 말린다.

쇠뜨기는 밭, 논두렁, 길가, 철길, 과수원, 강둑, 풀밭에 무더기로 나는 여러해살이풀이다. 햇볕이 잘 들고 물기가 많은 곳에서 자라는데 그늘에서는 살지 못한다. 땅 속에서 뿌리줄기가 뻗어 나가면서 넓게 퍼져 무리를 이룬다. 고사리처럼 홀씨로 번식을 한다. 이른 봄에 뿌리줄기에서 붉은색을 띤 연한 줄기가 땅 위로 올라온다. 이것을 '생식줄기'라고 하는데 줄기 끝에 홀씨주머니가 달린다. 뱀 머리처럼 생겼다고 '뱀밥'이라고도 한다. 뱀밥은 20㎝쯤 자라는데 늦봄이 되면 홀씨주머니에서 홀씨가 나온다. 홀씨는 바람에 날리거나 짐승 몸에 붙어서 널리 퍼지는데 싹이 잘 안 돋는다.

뱀밥이 시들 때쯤, 새파랗고 곧게 자라는 영양줄기가 땅 위로 올라온다. 이것이 사람들이 쇠뜨기라고 알고 있는 것이다. 영양줄기는 광합성을 하는데 속이 비어 있고 마디져 있다. 마디마다 가는 가지가 돌려나는데 가지도 마디져 있다. 줄기를 잡아 당기면 뚝뚝 끊어진다.

뱀밥은 껍질을 벗기고 데쳐서 나물로 먹는다. 어린 영양줄기는 조려 먹거나 튀겨 먹기도 하고 장아찌를 담그기도 한다. 또 말려 두었다가 차를 끓여 먹는다. 하지만 너무 자주 먹거나 많이 먹으면 오히려 몸에 해롭다.

분류 속새과
다른 이름 쇠띠, 공방초, 마초, 뱀밥, 준솔, 필두채
닮은 종 물쇠뜨기, 능수쇠뜨기, 개쇠뜨기, 물속새
특징 뱀밥이라고 하는 생식줄기가 따로 난다.

쇠별꽃 *Stellaria aquatica*

키는 20~50cm이다. 줄기는 옆으로 기다가 위로 갈수록 곧추선다. 잎은 마주난다. 아래쪽 잎은 잎자루가 길지만 위로 갈수록 짧아진다.

2003년 6월 경기 안양천

쇠별꽃은 기름진 땅에서 자라는 여러해살이풀이다. 사는 곳에 따라 겨울을 나는 한해살이도 있고 여러해살이도 있다. 밭, 논두렁, 도랑 가, 보리밭, 과수원에 많이 난다. 습기가 많은 그늘진 곳을 좋아하지만 마른 곳에서도 잘 산다.

쇠별꽃은 별꽃과 많이 닮았는데, 쇠별꽃이 별꽃보다 잎과 꽃이 더 크다. 또 별꽃 암술대는 세 갈래로 갈라지는데, 쇠별꽃 암술대는 다섯 갈래로 갈라진다. 둘 다 꽃이 작은데 하얗다. 봄에 나서 자라고 여름부터 가을까지 꽃이 피는데 5~6월에 많이 핀다. 솜털이 나 있는작은 꽃줄기는 꽃이 핀 뒤에 밑으로 굽는다. 꽃잎은 다섯 장인데 깊게 갈라져서 열 장처럼 보인다. 꽃잎은 꽃받침 길이와 거의 비슷하다. 씨앗으로 널리 퍼지는데 물에 흘러가거나 바람에 날리기도 한다. 짐승이나 사람에 붙어서 퍼지기도 한다.

별꽃은 꽃이 필 때 줄기와 잎을 뜯어서 약으로 쓴다. 피를 맑게 하고, 젖을 잘 나오게 하는 약효가 있다. 봄에 나는 어린싹은 나물로 먹는다. 옛날에는 햇볕에 말린 다음 가루를 내고 소금을 섞어서 이를 닦을 때 치약처럼 쓰기도 했다. 쇠별꽃과 비슷한 풀에는 별꽃 말고도 왕별꽃과 실별꽃도 있다.

분류 석죽과
다른 이름 별꽃, 아장초, 콩버무리, 우번루
닮은 종 별꽃, 왕별꽃, 실별꽃
꽃 피는 때 5~8월
특징 나물로 먹고 약으로도 쓴다.

수영 *Rumex acetosa*

키는 30~80㎝이다. 줄기는 곧게 서고 보랏빛을 띤다. 세로로 주름이 있다. 뿌리잎은 뭉쳐나고 잎자루가 길다. 줄기잎은 어긋나고 잎자루가 없다.

2005년 5월 경기 양평

수영은 햇빛이 잘 드는 기름진 땅을 좋아하는 여러해살이풀이다. 줄기와 잎을 먹으면 신맛이 난다고 '시금초' 라고도 한다. 봄에 어린순을 데쳐서 나물로 먹거나 국을 끓여 먹는다. 줄기를 날로 먹기도 한다. 옴이 올랐을 때 뿌리와 줄기를 짓찧어 바르면 잘 가라앉는다. 버짐이나 다른 피부병에도 잘 듣는다. 집 둘레, 밭둑, 논둑, 잔디밭, 산기슭에서 자라고 어디에나 흔하다.

　수영은 소리쟁이랑 닮았는데 잎이 훨씬 작다. 가을에 싹이 나서 겨울을 보낸다. 둥글고 길쭉한 잎이 뿌리에서 나와 옆으로 눕는데 붉은빛이 돈다. 이듬해 봄이 되면 줄기가 올라온다. 줄기에서 나는 잎은 어긋나게 달리고 가장자리가 밋밋하다.

　꽃은 5~6월에 피는데 암꽃과 수꽃이 서로 다른 그루에서 핀다. 수그루에는 수술대가 꽃받침 바깥으로 쭉 나와 있는 수꽃이 피고, 암그루에는 암술대가 세 개 달린 암꽃이 핀다. 꽃가루는 바람에 날려 암꽃에 붙는다. 수영처럼 바람에 날려 꽃가루받이를 하는 식물은 '풍매화' 라고 한다. 꽃이 진 자리에는 세모지고 까무잡잡한 열매가 달린다.

분류 마디풀과
다른 이름 시금초, 산시금치, 괴승애, 괴싱아
닮은 종 애기수영, 소리쟁이
꽃 피는 때 7~8월
특징 암꽃과 수꽃이 다른 그루에서 핀다.

수크렁 *Pennisetum alopecuroides*

키는 30~80㎝이다. 줄기는 모여나며 곧추선다. 잎이 긴데 뒷면에 긴 털이 드문드문 나 있다. 꽃이삭은 고개를 숙이지 않고 빳빳하다.

2004년 9월 서울 마포 월드컵공원

수크령은 햇빛이 잘 드는 곳에서 사는 여러해살이풀이다. 길가, 과수원, 강둑, 풀밭에서 자란다. 마른 땅에서도 잘 살고 사람이나 집짐승 발에 밟혀도 잘 살아서 논길에도 흔하다. 시골길에 많다고 '길갱이'라고도 한다.

수크령은 뿌리에서 줄기가 여러 개 올라와 포기를 크게 이루며 자란다. 잎은 가늘고 긴데 가운데쯤에서 아래로 처진다. 8~10월에 줄기 끝에 꽃이삭이 달리는데 검은 보랏빛이고 털이 많이 붙어 있다. 가을에 이삭이 다 익으면 털이 복슬복슬해서 꼭 병을 닦는 솔처럼 생겼다. 가을 아침이면 이삭이 이슬을 머금어 함초롬하게 젖어 있다.

수크령 씨앗은 짐승 털이나 옷에 붙어 널리 퍼진다. 씨앗 끝에는 작고 뾰족한 가시가 있어서 털이나 옷에 잘 달라붙는다. 그래서 사람이나 집짐승이 다니는 길에 많이 난다. 씨앗이 옷에 붙으면 잘 안 떨어지고, 움직일수록 더 깊이 파고들어서 살갗에 닿으면 껄끄럽다.

여름에서 가을 사이에 뿌리째 캐서 햇볕에 말렸다가 약으로 쓴다. 눈을 밝게 하는 약효가 있다. 뿌리만 따로 캐서 기침을 멎게 하는 약으로도 쓴다. 꽃밭이나 뜰에 일부러 심어서 기르기도 한다. 잎은 공예품을 만들고 이삭은 꽃꽂이를 할 때 쓴다.

분류 벼과
다른 이름 길갱이, 낭미초
닮은 종 붉은수크령, 청수크령
꽃 피는 때 8~9월
특징 이삭이 병 닦는 솔처럼 생겼다.

쑥 *Artemisia princeps*

키는 50~130㎝이다. 줄기는 곧게 자란다.
잎자루 밑에 턱잎처럼 생긴 작은 잎이 있다.
잎은 깃꼴로 갈라진다. 잎은 위로 올라갈수록
작아진다.

2005년 10월 전북 부안

쑥은 산이나 들, 집 둘레나 길가에 자라는 여러해살이풀이다. 우리 나라 어디에서나 볼 수 있고, 사막이나 아주 추운 극지방을 빼고는 세계 곳곳에서 자라는 아주 흔한 풀이다.

쑥은 땅 속 뿌리줄기로 겨울을 나고 무리를 늘린다. 봄이 되면 씨앗에서 순이 돋기도 하지만 뿌리줄기가 옆으로 길게 뻗으면서 군데군데 새순이 돋아난다. 줄기는 곧게 자라는데 큰 것은 1m가 넘기도 한다. 줄기와 잎은 흰색 털로 덮여 있다. 잎은 어긋나며 여러 갈래로 갈라진다. 앞면은 초록색이지만 뒷면은 솜털이 나 있어 하얗게 보인다. 7~9월에 줄기 끝에 황토색 꽃이 다닥다닥 핀다.

쑥은 옛날부터 쓰임새가 무척 많았다. 이른 봄에 하얗게 돋아나는 어린잎은 나물로 먹는다. 국을 끓여 먹기도 하고 떡을 해 먹기도 한다. 쌀가루를 묻혀 쪄 먹기도 하는데 그것을 '쑥버무리' 라고 한다. 말려서 뜸을 들이기도 하고, 대궁째 말려서 달여 먹기도 한다. 생 쑥을 찧어서 상처난 곳에 붙이면 피가 멎고 잘 아문다. 쑥은 약효가 많아서 옛날에는 집집마다 새끼에 엮어 걸어 두고 약으로 썼다. 요즘에는 비누나 화장품을 만드는 데에도 쓴다.

분류 국화과
다른 이름 바로쑥, 사재발쑥, 약쑥, 타래쑥
닮은 종 참쑥, 황해쑥, 산쑥
꽃 피는 때 7~9월
특징 여러 가지 먹을거리와 약으로 쓴다.

잔디 *Zoysia japonica*

키는 5~20㎝이다. 줄기가 땅을 기면서
새로운 뿌리를 내린다. 잎은 가늘고 긴데
어긋나게 붙는다. 잎혀와 잎집이 만나는 곳에
긴 털이 달린다.

2003년 6월 경기 포천 국립수목원

잔디는 햇볕이 잘 들고 거름기가 적은 모래땅에서 자라는 여러해살이풀이다. 낮은 산이나 들판, 냇가 모래밭이나 길가에서도 흔하게 볼 수 있다. 집 마당이나 공원, 운동장, 무덤에 일부러 심어 기른다. 넓은 땅을 잔디로 덮어서 가꾸기도 한다. 잔디가 깔린 운동장에서는 운동을 하다 넘어져도 맨땅보다 덜 다친다.

잔디 줄기는 기는줄기인데 땅에 붙어서 옆으로 뻗으며 자란다. 줄기 마디마다 가는 수염뿌리가 나오고 새싹이 돋는다. 잔디는 땅 속과 땅 위를 빽빽하게 덮으며 넓게 자리를 잡고 산다. 봄에 꽃대가 나오고 끝에 꽃이삭이 달린다. 여름에 작고 매끄러운 까만 씨앗이 이삭에 다닥다닥 붙어서 여문다. 이삭은 누르스름하다가 다 여물면 짙은 밤색이 된다.

잔디는 씨앗을 심어 기르는데, 가꾼 잔디를 흙째 파내서 다른 곳에 옮겨 심어 기르기도 한다. 흙째로 파서 떠 놓은 잔디 덩어리를 '떳장'이라고 한다. 잔디를 가꿀 때 자주 깎아 주면 둘레로 퍼지면서 잘 자란다. 잔디를 심으면 모래나 흙이 쓸려 내리는 것을 막고 먼지가 이는 것을 줄일 수 있다. 잔디 뿌리는 술을 담가서 신경통이나 피부병 약으로 쓰기도 한다.

분류 벼과
다른 이름 떼, 떳장
닮은 종 갯잔디, 금잔디, 왕잔디
꽃 피는 때 5~6월
특징 너른 땅을 가꾸려고 심어 기른다.

제비꽃 *Viola mandshurica*

키가 5~15cm이다. 뿌리에서 잎이 모여난다.
잎자루가 길고 잎은 둥글고 길쭉하다.
가장자리에 자잘한 톱니가 있다.

2004년 4월 경기 고양

제비꽃은 봄에 제비가 오는 때에 꽃이 핀다고 '제비꽃'이라는 이름이 붙었다. 작고 귀여워서 '병아리꽃', 꽃으로 가락지를 만든다고 '가락지꽃', 땅에 다닥다닥 붙어서 핀다고 '앉은뱅이꽃'이라고도 한다. 햇빛이 잘 드는 곳이면 어디서나 잘 자라는 여러해살이풀이다.

제비꽃은 줄기가 없고 뿌리에서 잎이 바로 난다. 이른 봄에 잎이 모여서 나는데 잎자루가 길다. 3~4월이 되면 잎겨드랑이에서 꽃대가 올라오고 보라색 꽃이 핀다. 벌이나 나비가 꽃가루받이를 해 주는데 곤충 도움을 받기가 어려우면 꽃을 피우지 않고 꽃봉오리 속에서 스스로 꽃가루받이를 하기도 한다. 꽃이 지면 길쭉하고 둥근 열매가 달린다. 열매가 다 익으면 세 갈래로 갈라지면서 속에 있던 씨앗들이 튕겨 나간다. 씨앗은 바람에 날리거나 빗물에 떠서 멀리 퍼진다. 개미가 씨앗을 퍼뜨려 주기도 한다. 씨앗에는 개미가 좋아하는 작고 하얀 단백질 알갱이가 붙어 있다. 개미는 씨앗을 집에 가져가서 알갱이를 떼어 먹고 씨앗은 밖에 내버린다. 씨앗은 버려진 곳에서 싹이 트는데 담 밑이나 돌 틈에서 나는 제비꽃은 이렇게 개미가 퍼뜨린 것이 많다.

제비꽃은 다소곳이 고개를 숙이고 있는데, 이 구부러진 꽃대로 '제비꽃 씨름'을 할 수도 있다. 꽃대를 고리처럼 맞대어 걸고 잡아당기는데 먼저 끊어지면 진다. 어린잎은 살짝 데쳐 하룻밤 우려낸 뒤 초고추장이나 간장 양념에 무쳐 나물로 먹는다. 옷감을 물들이는 데 쓰기도 하고, 벌이나 뱀에 물렸을 때 짓찧어 붙이면 독을 풀어 준다.

분류 제비꽃과
다른 이름 오랑캐꽃, 장수꽃, 씨름꽃, 외나물
닮은 종 흰제비꽃, 호제비꽃
꽃 피는 때 4~5월
특징 봄에 보라색 꽃이 핀다.

조개나물 *Ajuga multiflora*

키는 20~30㎝이다. 줄기는 곧게 선다.
뿌리에서 바로 나는 잎은 크고 잎자루가 있다.
위로 갈수록 잎은 작아지며 잎자루가 없다.

2005년 5월 경기 고양

조개나물은 햇볕이 잘 들고 메마른 땅에서 사는 여러해살이풀이다. 야트막한 산기슭이나 들판에서 나는데 잔디밭이나 무덤가에 흔하다. 꽃이 조개가 혀를 내밀고 있는 것처럼 생겼다고 '조개나물' 이라고 한다.

조개나물 줄기는 곧게 자라고 하얀 털이 촘촘하게 나 있다. 잎에도 솜털이 나 있다. 잎은 달걀꼴인데 끝이 뾰족하고 가장자리에는 톱니가 있다. 5~6월에 보랏빛 꽃이 피는데 잎겨드랑이에 바로 달리고, 여러 개가 모여난다. 꽃부리는 긴 통처럼 생겼는데 끝이 입술 모양으로 갈라져 있다. 꽃 색깔이 다른 두 종이 더 있는데 꽃이 하얀 것은 '흰조개나물', 자주색은 '붉은조개나물' 이다.

조개나물은 오랫동안 꽃이 핀다. 그래서 공원 마당을 가꾸는 데 쓰기도 하고 꽃밭이나 화분에 심어 꽃을 보기도 한다. 꽃밭에 심을 때는 둘레에 나는 다른 풀을 잘 뽑아 줘야 하고 퇴비와 물을 조금씩만 준다. 이른 봄에 땅을 뚫고 올라오는 순은 봄나물로 먹는다. 어린순은 붉은데 솜털이 빽빽이 붙어 있다. 꽃이 달린 것을 뿌리째 캐어다 약으로도 쓰는데, 감기를 낫게 하고 피를 맑게 해 주고 열을 내리는 약효가 있다. 물감으로도 쓰는데 여러 가지 색깔을 얻을 수 있다.

분류 꿀풀과
다른 이름 다화근골초, 수창포, 창포붓꽃
닮은 종 흰조개나물, 붉은조개나물
꽃 피는 때 5~6월
특징 꽃이 조개가 혀를 내밀고 있는 것처럼 생겼다.

지칭개 *Hemistepta lyrata*

키는 60~80㎝이다. 뿌리잎은 꽃이 필 때쯤 시들어 사라진다. 잎 가장자리는 날개 모양으로 갈라진다. 잎 뒷면에 하얀 털이 나 있다.

2004년 6월 경기 양평 양수리

지칭개는 논둑이나 밭둑, 길가나 과수원에서 흔히 자란다. 햇빛이 잘 드는 촉촉한 땅을 좋아한다. 퇴비를 쌓아 둔 무더기처럼 거름기가 많은 곳에서 더욱 잘 자란다. 봄에 나는 어린잎은 봄나물로 먹는다. 뿌리째 캐서 물에 담가 쓴맛을 우려낸 뒤에 먹는데 된장국에 넣거나 무쳐 먹는다. 어디에나 흔하고, 잎도 크고 뿌리도 커서 조금만 캐도 금방 한 소쿠리가 된다. 여름과 가을에 뿌리째 캐서 햇빛에 말린 뒤에 약으로도 쓴다. 열을 내리고 독을 푸는 약효가 있다. 종기가 나거나 다쳐서 피가 날 때도 쓴다.

지칭개는 겨울을 나는 한해살이풀인데, 가을에 싹이 터서 땅바닥에 방석 모양으로 잎을 뻗은 채 겨울을 난다. 이듬해 봄에 줄기가 올라오고 이른 여름에 자주색 꽃이 핀다. 줄기는 곧게 서는데 속이 비어 있다. 잎은 길쭉하고 깃털 모양으로 깊게 파여 있고 가장자리에 톱니가 있다. 줄기 위쪽에 달린 잎일수록 덜 파이는데 맨 위에 난 것은 밋밋하고 끈처럼 생겼다. 잎 앞면은 초록색이지만 뒷면은 털이 빽빽하게 나 있어 하얗다. 5~7월이 되면 가지 끝이나 잎겨드랑이에서 꽃대가 올라오고 끝에 동그란 꽃이 핀다. 긴 병처럼 생긴 작은 꽃이 수없이 모여 피는데 하나로 뭉쳐 있어서 한 송이처럼 보인다.

분류 국화과
다른 이름 지칭개나물, 니호채
닮은 종 조뱅이, 큰조뱅이
꽃 피는 때 5~7월
특징 봄에 흔히 먹는 들나물이다.

질경이 *Plantago asiatica*

키는 10~25㎝이다. 줄기가 없다. 잎이 뿌리에 모여나고 잎자루가 길다. 꽃은 하얀색이고 열매는 뿔처럼 생겼다. 열매 하나에는 까만 씨앗이 6~8개 들어 있다.

2004년 6월 서울 마포 성미산

질경이는 질긴 풀이라고 이름이 '질경이'다. 길에 많이 난다고 '길경이'라고도 하고 찻길에 사는 풀이라고 한자말로 '차전초'라고도 한다. 사람들 발이나 수레바퀴에 밟혀도 끄떡없이 자란다. 잎이 잘리거나 뭉개져도 새 잎이 곧 나온다. 들길이나 산길, 집 둘레, 논둑이나 밭둑에 흔한 여러해살이풀인데 다른 풀이 자라기 어려운 메마르고 단단한 땅에서도 잘 자란다. 봄에 어린잎을 뜯어서 나물로 먹는데 된장국에 넣으면 맛이 좋다. 상추처럼 쌈을 싸 먹기도 하고 튀겨 먹기도 하고 김치를 담가 먹기도 한다. 씨앗 말린 것은 '차전자'라고 하는데 가래를 삭이고 변비를 치료하는 약으로 쓴다.

질경이는 잎이 뿌리에서 바로 나와서 옆으로 퍼진다. 잎이 누워 땅에 바짝 붙기도 한다. 잎은 둥그스름한데, 잎맥이 세로로 여러 개가 두드러지게 나 있다. 6~8월에 뿌리에서 꽃대가 올라오고 끝에 길쭉하고 하얀 꽃이 달린다. 씨앗은 끈적거리는 성질이 있어서 사람이나 짐승 발, 수레바퀴에 묻어 멀리 퍼진다.

질경이 꽃대는 뽑아서 '질경이 싸움'이라는 놀이를 한다. 질경이 싸움은 둘이서 하는데 꽃대를 잇대어 걸고 양쪽 끝은 두 손으로 붙잡고 서로 잡아당긴다. 꽃대가 먼저 끊어진 쪽이 지고, 버티는 쪽이 이긴다. 꽃대가 굵다고 질긴 것도 아니고 작고 얇다고 무른 게 아니어서 꽃대를 잘 찾으면 질경이 싸움에서 여러 번 이길 수 있다. 또 아이들은 질경이를 뿌리째 뽑아서 제기처럼 차고 놀기도 한다.

분류 질경이과
다른 이름 길경이, 빼뿌쟁이, 차전초, 길짱구, 부이
닮은 종 왕질경이, 개질경이, 털질경이, 창질경이
꽃 피는 때 6~8월
특징 나물로 먹고 약으로도 쓴다.

참새귀리 *Bromus japonicus*

키는 70㎝쯤이다. 줄기는 뭉쳐난다. 잎은 납작하고 잎집은 가장자리가 붙어서 통처럼 생겼다. 이삭에 붙은 작은 이삭은 길쭉한데 여러 개가 빽빽이 붙어 있다.

2003년 7월 경기 광명

밭에 심는 곡식인 귀리와 닮았다고 '참새귀리'라고 한다. 풀숲이나 길가, 목장, 시골에도 흔하고 도시 집 둘레에도 많이 모여난다. 햇빛이 잘 드는 곳을 좋아하고 메마른 땅에서도 잘 산다.

참새귀리는 겨울을 나는 한해살이풀이다. 가을에 싹이 터서 겨울을 난 뒤에 이듬해 초여름에 꽃이 피고 열매를 맺는다. 그래서 겨울에 농사를 안 짓는 밭에 무더기로 나기도 한다. 뿌리는 벼나 보리처럼 수염뿌리다. 줄기는 뭉쳐나는데 속이 비어 있다. 잎몸과 잎집에 털이 많다. 이삭과 씨앗에는 까끄라기가 달려 있는데 짐승 털이나 사람 옷에 붙어서 널리 퍼진다.

참새귀리 줄기와 잎은 포기째 베어서 집짐승 먹이로 쓴다. 하지만 다 여문 이삭은 집짐승이 먹지 못한다. 낱알에 가시처럼 날카롭고 거친 까끄라기가 있어서 입과 혀를 다치기 때문이다. 대신 다른 풀과 함께 베어다가 삭혀서 두엄을 만들어 농사지을 때 거름으로 쓰면 좋다. 참새귀리 씨앗은 '작맥미'라고 하는데 장을 부드럽게 하고 간을 이롭게 하는 약효가 있다.

분류 벼과
다른 이름 귀보리
닮은 종 귀리, 메귀리, 큰참새귀리
꽃 피는 때 6~7월
특징 이삭에 까끄라기가 많이 나 있다.

큰김의털 *Festuca arundinacea*

키는 40~180㎝이다. 줄기는 곧게 자란다.
잎은 가늘고 길다. 이삭은 길이가
20~50㎝이다. 작은 이삭에는 녹색이거나
보라색인 작은 꽃이 5~9개 달려 있다.

2004년 5월 서울 안양천

큰김의털은 길가, 밭이나 뜰, 냇가, 강둑, 풀밭에서 자라는 여러해살이풀이다. 흙을 안 가리고 아무 데서나 잘 자라는데 메마른 땅에서도 살고 산성 땅에서도 산다. 본디 유럽이 원산지인데 집짐승을 먹이려고 심어 기르면서 곳곳에 널리 퍼졌다.

큰김의털은 가을부터 이듬해 봄 사이에 싹이 트고, 늦봄에서 여름 사이에 꽃이 핀다. 줄기는 곧게 자라고 뭉쳐난다. 잎집이 줄기를 감싸며 나는데 성긴 털이 줄지어 나 있다. 꽃은 6~8월에 피는데, 줄기에서 이삭이 올라와서 덩어리로 핀다. 이삭은 곧게 서거나 조금 기울어진다. 이삭 줄기 마디 하나에 가지가 두 개 있는데 하나는 길고 하나는 짧다. 작은 이삭이 다닥다닥 달라붙어 있다.

큰김의털 작은 이삭에는 까끄라기가 있다. 까끄라기는 씨앗이 널리 퍼질 수 있게 도와 준다. 물에 뜨거나 바람에 날리기도 하고 짐승 털에 붙어 널리 퍼지기도 한다. 또 흙 속으로 잘 파고 들어가게 돕는다. 요즘에는 길을 닦을 때나 둑이나 축대 공사를 할 때 흙이 쓸려 나가는 것을 막으려고 큰김의털 씨앗을 뿌려서 기른다. 풀숲을 가꾸려고 일부러 심기도 한다.

분류 벼과
닮은 종 김의털, 넓은김의털
꽃 피는 때 6~8월
특징 집짐승 먹이로 쓴다.

토끼풀 *Trifolium repens*

줄기는 5~15㎝이다. 줄기와 잎에 털이 없고
매끈하다. 잎자루는 길이가 5~15㎝이다.
잎 가장자리에 자잘한 톱니가 있고, 흰색 줄이
나 있다.

2004년 6월 경기 고양 일산

토끼가 잘 먹는다고 '토끼풀'이라는 이름이 붙었다. 소나 염소처럼 풀을 먹고 사는 집짐승도 잘 먹는다. 햇빛이 잘 드는 길가나 풀밭, 강둑, 밭둑, 집 둘레에서 사는 여러해살이풀이다. 추위에는 강하지만 그늘진 곳에서는 잘 못 자란다. 메마른 땅에서도 잘 자란다.

　　토끼풀 줄기는 땅 위를 기면서 자라는데 마디에서 가지를 치고 새 뿌리를 내리기도 한다. 줄기 마디마다 잎자루가 올라오는데 끝에 동그란 잎이 세 장씩 달린다. 드물게 잎이 네 장 달리는 것도 있다. 이런 잎을 '네 잎 클로버'라고 한다. 사람들은 이런 잎을 찾으면 행운이 찾아 온다고 좋아한다.

　　꽃은 6~7월에 피는데 마디에서 꽃대가 올라와 맨 위에 하얀 꽃이 달린다. 작은 꽃이 모여서 둥근 꽃송이를 이룬다. 꽃은 시든 뒤에도 떨어지지 않고 열매를 감싼다. 열매 속에는 씨앗이 2~6개 들어 있다. 씨앗은 단단해서 동물이 먹어도 소화되지 않고 똥과 함께 다시 나온다.

　　토끼풀은 본디 유럽이나 아시아에서 나는 풀인데 집짐승에게 먹이려고 우리 나라에 들어왔다. 밭을 기름지게 하려고 일부러 심기도 한다.

분류 콩과
다른 이름 클로버
닮은 종 붉은토끼풀
꽃 피는 때 6~7월
특징 짐승들이 좋아하는 먹이다.

붉은토끼풀

환삼덩굴 *Humulus japonicus*

줄기가 2~3m쯤 자란다. 줄기와 잎에 잔가시가 많다. 잎은 마주나는데 손바닥처럼 생겼고 잎자루 끝에서 5~7갈래로 갈라진다. 꽃은 연노란 풀색이다.

2003년 8월 경기 광명

환삼덩굴은 덩굴로 자라는 한해살이풀이다. 길가, 집 둘레, 밭, 과수원, 강둑, 산기슭에서 흔하게 볼 수 있다. 햇빛이 잘 드는 곳이면 어디든지 자라는데 물기가 있고 거름기가 많은 땅에서 잘 자란다.

환삼덩굴은 이른 봄에 나는데 줄기가 땅 위를 기면서 자라다가 키 큰 풀이나 나무를 만나면 깔끄러운 가시를 잇대어 걸고 빙 둘러 감아 오른다. 줄기를 넓게 뻗어 풀숲을 뒤덮기도 한다. 과수원에서 자라면 나무를 휘감아 햇빛을 막고, 밭으로 들어와 채소가 자라는 것을 방해하기도 한다.

꽃은 7~8월 사이에 피는데 암꽃과 수꽃이 서로 다른 그루에서 핀다. 수꽃은 고깔 모양으로 퍼져서 피고 암꽃은 동그랗게 모여서 핀다. 열매는 9~10월에 맺는데 둥글납작하고 밤색 반점이 있다. 씨앗은 들쥐나 새가 먹어서 퍼트리기도 하고, 빗물에 쓸려 가거나 사람 옷에 붙어 널리 퍼지기도 한다.

환삼덩굴은 줄기에 가시가 많아서 까끌까끌하다. 줄기에 살갗이 쓸리면 따갑고 아리니까 조심해야 한다. 환삼덩굴 줄기는 걷어다가 말려서 약으로 쓴다. 열매와 뿌리도 약으로 쓰고, 어린순은 나물로 먹기도 한다.

환삼덩굴 암꽃

분류 삼과
다른 이름 한삼덩굴, 범상덩굴, 언겅퀴, 좀환삼덩굴
닮은 종 호프
꽃 피는 때 7~8월
특징 잎이 손바닥처럼 생겼다. 덩굴로 자란다.

밭에 사는 풀

갈퀴덩굴 *Galium spurium* var. *echinospermum*

줄기는 60~120cm이다. 덩굴로 뻗는데 둘레 풀이나 나무, 또는 자기들끼리 엉키면서 자란다. 줄기와 잎 뒷면에 가시가 나 있다. 잎은 잎자루 없이 바로 나고, 마디에서 동그랗게 돌려난다.

2004년 5월 경기 고양 일산

줄기가 덩굴로 자라고 갈고리 같은 가시가 나 있어서 '갈퀴덩굴'이라고 한다. 잘못 만지거나 스치면 가시가 박히거나 살갗에 상처가 날 수 있다. 봄에 나는 어린순은 나물로 먹고 씨앗은 약으로 쓴다. 주로 가을에 씨를 뿌리는 보리밭에서 많이 난다.

갈퀴덩굴은 밭이나 길가, 빈 땅에서 흔히 자라는 겨울을 나는 한해살이풀이다. 가을에 싹이 터서 겨울을 나는 것도 있고 봄에 싹이 터서 자라는 것도 있다. 기름진 땅을 좋아하지만 메마른 땅에서도 잘 자란다. 뿌리가 잎과 줄기보다 빨리 자라서 깊고 넓게 퍼지는데 그래서 메마른 땅에서도 잘 산다.

갈퀴덩굴은 줄기가 네모지게 생겼는데, 모서리마다 아래로 굽은 가시가 줄지어 나 있다. 잎은 마디마다 6~8개가 돌려난다. 잎은 둥글고 길쭉한데 끝에 크고 뾰족한 가시가 하나 있다. 가장자리와 잎 뒷면 가운데 잎맥에도 가시가 나 있다. 5~6월에 잎겨드랑이에서 연두색 꽃이 모여서 핀다. 씨앗에도 갈고리 같은 털이 있어서 사람이나 짐승 털에 붙어 멀리까지 퍼진다. 또 아주 가벼워서 바람을 타고 날아가거나 물에 떠내려가기도 한다.

분류 꼭두서니과
다른 이름 가시랑쿠
꽃 피는 때 5~6월
특징 온몸에 갈고리 같은 가시가 나 있다.

갈퀴덩굴 꽃과 열매

강아지풀 *Setaria viridis*

키는 20~70㎝이며 곧게 자란다. 아래쪽에서 가지를 치고 잎은 길쭉하다. 잎 가장자리에 털이 나 있다. 큰 이삭에 작은 이삭이 달린다.

2003년 8월 경기 광명

강아지풀은 이삭에 털이 많이 달려 있어서 복슬복슬한 강아지 꼬리와 닮았다고 '개꼬리풀'이라고도 하는데, 재미있는 것은 다른 나라에서 강아지풀을 이르는 이름도 짐승 꼬리에서 유래된 것이 많다. 서양에서는 '여우꼬리'라고 하고 중국에서도 같은 뜻으로 '구미초'라고 하거나 이리의 꼬리라는 뜻으로 '낭미초'라고 한다.

강아지풀은 길가에 흔히 자라는 한해살이풀이다. 무더운 여름철에 가뭄으로 땅이 말라도 꿋꿋하게 잘 견딘다. 줄기는 여러 개가 뭉쳐나고 마디가 길다. 잎은 벼처럼 길쭉하다. 뿌리는 수염뿌리다. 꽃은 한여름에 피는데 줄기 끝에 길쭉한 방망이 모양으로 생긴 이삭이 달린다.

강아지풀 이삭으로는 재미있는 놀이를 할 수 있다. 털이 많이 나 있어서 동무 얼굴을 간질이기도 하고, 이삭을 뜯어서 거꾸로 쥐고 손가락을 쥐락펴락 하면 신기하게도 이삭이 조금씩 위로 올라온다. 요즘에는 강아지풀을 먹는 사람이 없지만 옛날에는 흉년이 들었을 때 강아지풀을 먹기도 했다. 늦여름이나 가을에 씨앗이 여물면 말려서 껍질을 벗긴 뒤에 밥을 짓거나 죽을 쑤어 먹었다. 뿌리를 캐어 기생충 약으로도 썼다.

분류 벼과
다른 이름 개꼬리풀, 구미초, 가라지, 모구초
닮은 종 가을강아지풀, 수강아지풀, 갯강아지풀
꽃 피는 때 6~9월
특징 이삭이 강아지 꼬리처럼 생겼다.

개망초 *Erigeron annuus*

키는 20~130㎝이다. 줄기는 곧게 자라고 가지를 많이 친다. 잎은 길이가 15㎝쯤이고 가장자리에 뾰족한 톱니가 있다. 잎자루에 날개가 있다.

2004년 7월 서울 안양천

개망초는 풀밭이나 빈 땅, 길가에서 자라는 한해살이풀이다. 어떤 땅이든 가리지 않고 잘 자라서 우리 나라 어디에서나 흔히 볼 수 있다. 한 번 자리를 잡으면 둘레에 금방 퍼져 빨리 무리를 짓는다. 개망초 꽃이 무리지어 피면 들판이 하얗게 된다.

개망초는 가을에 싹이 나서 겨울을 보내고 이듬해 봄에 쑥쑥 자란다. 겨울을 보내는 뿌리잎은 잎자루가 길고 달걀꼴이다. 봄이 되면 줄기가 곧게 자라는데 가지를 많이 친다. 줄기와 잎에 잔털이 많이 나 있다. 줄기가 잘리면 바로 밑에서 새 줄기가 나온다. 줄기잎은 어긋나고 끝이 뾰족하다. 5~10월에 줄기 끝에 가운데가 노랗고 둘레가 하얀 작은 꽃이 달린다. 꽃이 달걀처럼 생겼는데 흰자에 노른자를 얹어 놓은 것처럼 보인다고 '계란꽃'이라고도 한다.

개망초는 본디 북아메리카가 고향인 식물인데 일제 강점기 즈음에 우리 나라에 들어왔다. 나라가 망한 뒤에 나기 시작한 풀이라고 '개망초'라는 이름이 붙었다. 어린잎은 나물로 먹고, 약으로도 쓰는데 오줌이 잘 나오지 않을 때 먹으면 좋다.

개망초 어린잎

분류 국화과
다른 이름 개망풀, 망국초, 왜풀, 버들개망초, 계란꽃
닮은 종 봄망초, 주걱개망초
꽃 피는 때 5~10월
특징 뿌리에서 나온 어린잎은 나물로 먹는다.

개비름 *Amaranthus lividus*

키는 30~80㎝이다. 밑동에서 가지를 치고
곧게 자라거나 비스듬히 자란다.
잎 가장자리에는 구불구불한 톱니가 있다.
씨앗은 납작하고 가운데가 볼록하게 생겼다.

2005년 7월 서울 마포 성미산

개비름은 우리가 흔히 먹는 '비름나물'이다. 연한 잎과 줄기를 먹는데 뜯어서 데친 뒤에 고추장에 무쳐 먹거나 된장국에 넣어 먹는다. 옛날에는 들에 난 것을 뜯어다 먹었는데 요즘에는 사람들이 많이 찾아서 농부들이 밭에 일부러 기른다. 다른 여러 나라에서도 비름 무리를 길러서 채소로 먹는다고 한다.

개비름은 밭 가나 과수원, 들판, 길가에 흔히 자라는 한해살이풀이다. 햇빛이 잘 들고 물기가 있는 기름진 땅에서 자란다. 줄기가 아래쪽에서 많이 갈라지고 비스듬히 자라거나 곧게 자란다. 온몸에 털이 없고 매끈하다. 잎은 어긋나게 달리는데 잎 뒷면은 앞면보다 옅다. 꽃은 6~7월에 피는데 줄기 끝과 잎겨드랑이에서 자잘한 초록색 꽃이삭이 올라온다.

개비름 열매는 익으면 뚜껑이 열리듯이 갈라지는데, 속에 반질반질한 검은 밤색 씨앗이 들어 있다. 씨앗은 빗물에 떠서 퍼지거나 바람을 타고 퍼진다. 짐승이 먹어서 퍼뜨리기도 하는데 소나 염소가 먹어도 나중에 씨앗은 그대로 똥과 함께 나온다. 또 씨앗은 땅 속에서 오 년 동안이나 살아남을 수 있어서 둘레 환경이 맞으면 언제든지 싹이 날 수 있다.

분류 비름과
다른 이름 참비름, 비름나물, 비름
닮은 종 청비름, 털비름, 가는털비름
꽃 피는 때 6~7월
특징 어린잎과 줄기를 나물로 먹는다.

고들빼기 *Crepidiastrum sonchifolium*

키는 20~80㎝이다. 줄기는 곧게 자라고
가지를 많이 치는데 붉은빛이 돈다. 온몸은 털이
없이 미끈하다. 꽃자루는 길이가 5~9㎜이고
가지 끝에 꽃이 달린다.

2004년 5월 서울 마포

고들빼기는 겨울을 나는 한해살이풀인데 들이나 밭, 길가나 빈 땅에서 자란다. 우리 나라 어디에서나 흔하게 나는데 너무 축축하거나 메마른 땅보다는 물이 잘 빠져서 물기가 알맞은 땅을 좋아한다. 고들빼기는 옛날부터 우리 겨레가 나물로 즐겨 먹던 풀이다. 이른 봄에 어린싹을 캐서 데친 뒤에 간장이나 고추장에 버무려 나물로 먹는다.

고들빼기는 가을에 싹이 터서 땅바닥에 잎을 납작하게 펼친 채로 붙어서 겨울을 난다. 이듬해 봄이 되면 줄기가 올라오고 여름부터 가을까지 꽃이 핀다. 줄기는 곧게 자라고 가지를 많이 친다. 뿌리에서 나온 잎은 잎자루가 없고 길쭉한데 가장자리가 빗살처럼 갈라진다. 줄기에 달리는 잎은 어긋나고 가장자리에 나온 톱니가 뾰족뾰족하다. 꽃은 5~9월에 피는데 옅은 노란색이다. 열매는 익으면 까맣게 되는데 끝에 하얀 털이 달린다.

고들빼기는 가을에 김치를 담가 먹는다. 뿌리까지 통째로 소금물에 이틀쯤 담가서 쓴맛을 우려낸 뒤에 김치를 담근다. 뿌리째 캐어다 종기를 없애거나 열을 내리는 약으로 쓰기도 한다. 요즘에는 사람들이 많이 찾아서 일부러 밭에 기르기도 한다.

분류 국화과
다른 이름 씬나물, 참꼬들빽이, 쓴나물, 황화채
닮은 종 이고들빼기
꽃 피는 때 5~6월
특징 나물로 먹거나 김치를 담가 먹는다.

고들빼기 어린잎

광대나물 *Lamium amplexicaule*

키는 10~30㎝이다. 줄기는 곧게 자라고 아래쪽에서는 가지를 친다. 잎은 부채꼴인데 마주나서 줄기를 감싼다. 꽃은 잎겨드랑이에서 꽃자루 없이 바로 핀다.

2004년 5월 경기 고양 일산

광대나물은 나물로 먹는 풀이다. 봄에 뜯는데 꽃이 피기 전까지 먹을 수 있다. 냉이처럼 끓는 물에 데친 뒤에 고추장을 넣어 무쳐 먹는다. 뿌리째 캐어다가 약으로 쓰는데 종기를 없애거나 코피를 멎게 하는 데 쓴다.

광대나물은 밭이나 밭둑, 과수원, 길가, 산기슭에서 자라는데 기름진 땅을 좋아한다. 가을에 싹이 터서 겨울을 지내고 이듬해 봄이나 여름에 꽃이 핀다. 봄에 싹이 돋아서 가을에 꽃이 피는 것들도 있다.

광대나물은 반달처럼 생긴 잎이 마주나서 줄기를 둥글게 감싼다. 그 모양이 광대가 입는 옷 목깃처럼 생겼다고 '광대나물'이라는 이름이 붙었다. 아래쪽 잎은 잎자루가 있지만 위에 난 잎은 잎자루가 없다. 4~5월이 되면 잎겨드랑이에서 꽃이 여러 송이 모여 핀다. 꽃은 보랏빛이 도는 붉은색인데 긴 호리병처럼 생겼다. 꽃이 코딱지처럼 생겼다고 '코딱지나물'이라고도 한다.

광대나물은 꽃망울이 터지는 꽃과 안 터지는 닫힌 꽃, 두 가지 꽃이 핀다. 둘 다 꽃 속에 암술과 수술이 들어 있다. 열리는 꽃이 먼저 피고 닫힌 꽃이 그 아래 핀다. 열려 있는 꽃은 꿀주머니가 있어서 곤충들이 꿀을 따면서 꽃가루받이를 해 준다. 꽃을 따서 빨아 보면 단물이 조금 나온다. 닫혀 있는 꽃은 스스로 꽃가루받이를 해서 씨앗을 맺는다.

분류 꿀풀과
다른 이름 작은잎꽃수염풀, 코딱지풀, 코딱지나물
꽃 피는 때 4~5월
특징 잎이 줄기를 둥글게 감싼다.

금방동사니 *Cyperus microiria*

키는 20~60㎝이다. 줄기는 모여난다.
잎은 줄기마다 두세 장씩 달린다. 꽃이삭
가지는 5~10개로 갈라진다.

2004년 9월 서울 안양천

금방동사니는 햇빛이 잘 들고 기름진 땅에서 흔히 자라는 한해살이풀이다. 밭과 과수원에서 무리를 지어 자라기도 한다. 콩밭에 많이 나는데 바랭이, 돌피, 쇠비름과 더불어 골칫거리 잡초다. 농부들이 밭에서 김을 맬 때 손으로 뽑아 낸다.

금방동사니는 뿌리에서 줄기 몇 개가 비스듬히 모여난다. 줄기는 납작한데 세모꼴이다. 줄기 아래쪽에 잎이 1~3장 달리는데 줄기보다 짧다. 잎집이 줄기를 감싼다. 줄기 끝에 꽃대가 여러 갈래로 나와서 우산살처럼 펴지고 그 끝에 꽃이삭이 달린다. 이삭은 누른빛이 도는 밤색이다.

방동사니 무리에는 금방동사니 말고도 방동사니, 쇠방동사니, 우산방동사니, 병아리방동사니, 참방동사니, 향부자 따위가 있다. 방동사니 무리를 '개왕골'이라고도 한다. 왕골은 돗자리 따위를 만들지만 방동사니는 따로 쓸모가 없다. 하지만 아이들은 방동사니 이삭을 머리에 꽂아 장식을 하며 놀기도 하고 모난 줄기를 가르며 놀기도 한다.

쇠방동사니

분류 사초과
다른 이름 금방동산, 개왕골, 방동사니
닮은 종 방동사니, 참방동사니, 향부자
꽃 피는 때 8월
특징 꽃이삭이 우산살처럼 펴진다.

까마중 *Solanum nigrum*

키는 20~110㎝이다. 잎은 둥글고 길쭉하며 달걀 모양이다. 꽃은 흰색으로 꽃잎이 다섯 갈래로 갈라진 통꽃이다. 열매는 6㎜쯤 된다.

2003년 9월 서울 마포

까마중은 열매가 새까맣다고 이름이 '까마중'이다. 열매가 달짝지근해서 옛날에는 아이들이 군것질거리로 따 먹기도 했다. 봄에 나는 어린잎은 삶아서 물에 우려 독을 뺀 뒤에 나물로 먹는다. 요즘에는 다 익은 열매로 잼을 만들어 먹기도 한다.

　　까마중은 밭에 흔한데 집 둘레나 길가에서도 자라는 한해살이풀이다. 촉촉하고 거름기가 많은 땅을 좋아한다. 줄기는 위로 뻗고 옆으로 가지를 많이 친다. 잎은 어긋나게 달리는데, 잎 가장자리는 밋밋하거나 굵은 물결 모양이다. 6~9월에 줄기 마디에서 꽃자루가 올라와 흰색 꽃이 핀다. 꽃자루 하나에 꽃이 3~10개쯤 모여 있다. 꽃이 지면 작고 동그랗게 생긴 열매가 대롱대롱 달린다. 열매 속에는 씨가 수십 개씩 들어 있다.

　　까마중 열매는 초록색이다가 익으면서 빛깔이 까맣게 바뀐다. 덜 익은 것은 독이 있어 먹으면 안 되지만 다 익고 나면 단맛이 난다. 짐승이 열매를 먹고 씨를 퍼뜨린다. 까마중을 뿌리째 뽑아서 말려 두었다가 감기가 들거나 목이 아플 때 약으로도 쓴다. 생잎을 짓찧어 상처에 바르기도 한다.

분류 가지과
다른 이름 가마중, 까마종이, 깜뚜라지, 먹때깔
닮은 종 미국까마중, 털까마중
꽃 피는 때 6~9월
특징 열매가 새까맣고 동그랗다.

깨풀 *Acalypha australis*

키는 20~50㎝이다. 잎은 둥글고 긴데 끝이
뾰족하다. 가장자리가 뭉툭한 톱니 모양이다.
잎겨드랑이에 꽃이삭이 1~5개쯤 달린다.
수꽃이 달리고 그 아래 암꽃이 달린다.

2004년 9월 경기 고양 일산

깨풀은 잎이 들깻잎과 닮아서 '깨풀'이라는 이름이 붙었다. 밭둑이나 길가, 과수원, 빈 땅에서 자라는데 주로 콩밭에 많이 난다. 추운 곳에서는 잘 못 살아서 우리 나라 남부 지방에 흔하다.

깨풀은 햇빛이 잘 드는 기름진 땅을 좋아하는 한해살이풀이다. 봄에 나서 여름과 가을에 꽃이 핀다. 줄기가 곧게 자라고 가지를 많이 친다. 온몸에 짧은 털이 나 있다. 잎은 어긋나게 달리고 잎자루가 있다. 7~8월이 되면 잎겨드랑이에서 꽃자루가 나와 꽃이삭이 달리는데 암꽃과 수꽃이 함께 모여 핀다. 수꽃은 꽃잎처럼 보이는 꽃받침이 네 개로 갈라지고 수술이 여덟 개 달린다. 암꽃은 꽃받침이 세 개로 갈라지고 암술대가 세 개 있다. 10월에 열매가 익는데 씨앗은 달걀 모양이고 다 익으면 흑갈색이 된다.

깨풀은 뿌리째 뽑아서 약으로 쓴다. 열을 내리거나 독을 푸는 데 약효가 있다. 또 피를 멈추는 약효가 있어 코피가 났을 때도 쓴다. 종기가 나거나 살갗에 염증이 생겼을 때도 쓴다. 어린순은 나물로도 먹는다. 들에 난 것을 베어다가 집에서 기르는 소나 염소를 먹이기도 한다.

분류 대극과
다른 이름 들깨풀
꽃 피는 때 8~10월
특징 잎이 들깻잎과 닮았다.

꽃다지 *Draba nemorosa*

키는 35cm쯤이다. 줄기는 곧추서고
아래쪽에서 가지가 갈라진다. 줄기잎은
어긋나는데 가장자리에 톱니가 있다.
열매는 길이가 5~8mm이고 잔털이 나 있다.

2004년 4월 서울 마포 성미산

꽃다지는 밭둑이나 길가에서 흔히 자라는 한해살이풀이다. 냉이와 많이 닮았는데 꽃다지를 '두루미냉이'라고도 한다. 냉이는 꽃이 하얗고 꽃다지는 노랗다. 냉이처럼 봄에 캐어 먹는 나물이다. 어린잎과 줄기를 살짝 데쳐서 먹는다.

꽃다지는 늦가을에 싹이 터서 겨울을 난다. 뿌리에서 잎자루 없는 잎이 여러 장 모여나 납작하게 퍼진다. 겨울에는 추위를 이기려고 땅바닥에 바짝 붙어 있는 것이다. 이렇게 땅에 붙어서 겨울을 나는 식물을 '방석식물'이라고 한다. 잎이 난 모양이 장미 같다고 서양에서는 이런 어린잎을 '로제트'라고 한다.

봄이 되어 날이 따뜻해지면 줄기가 올라온다. 줄기는 곧게 자라고 잎은 둥글고 길쭉한데 어긋나게 달린다. 줄기와 잎에는 하얗고 보송보송한 털이 나 있다. 꽃은 4~6월에 피는데 줄기 끝에 노란 꽃이 여러 개 모여 핀다. 주걱 모양 꽃잎이 네 장 달린다.

꽃다지 씨앗을 말려서 기침이 나거나 오줌이 잘 나오지 않을 때 약으로 쓴다. 부스럼이 났을 때 씨를 달여서 마시거나 그 물로 몸을 씻으면 좋다고 한다.

분류 십자화과
다른 이름 코딱지나물, 두루미냉이, 코따대기
닮은 종 민꽃다지
꽃 피는 때 4~6월
특징 봄에 캐어 나물로 먹는다.

냉이 *Capsella bursa-pastoris*

키는 10~50㎝이다. 줄기는 곧게 자란다. 줄기잎은 위로 갈수록 작아지고 잎자루가 없어진다. 꽃자루가 길며 꽃잎은 네 장이다.

2004년 3월 서울 마포 성미산

냉이는 봄나물로 많이 먹는 한해살이풀이다. 이른 봄에 눈이 녹으면 겨울을 난 싹을 뿌리째 캐어다 살짝 데친 뒤에 무쳐 먹는다. 된장에 무치기도 하고 고추장이나 간장을 넣어 무치기도 한다. 된장국에 넣거나 콩가루를 묻혀 냉잇국을 끓이기도 한다. 쌉싸래하고 향긋한 맛 때문에 사람들이 좋아하는 나물이다. 그래서 일부러 밭에다 기르기도 한다. 눈을 밝게 하고 위를 튼튼하게 하는 약으로도 쓴다.

냉이는 햇빛이 잘 드는 들이나 밭, 길가에 흔히 자란다. 아무 데서나 잘 자라는 편이지만 환경에 따라 잎 모양이나 색깔이 달라진다. 꽃다지나 달맞이꽃처럼 가을에 싹이 터서 뿌리잎을 방석처럼 납작하게 펼친 채 겨울을 난다. 뿌리잎은 새의 깃 모양으로 깊게 갈라져 있다. 이런 잎을 '깃꼴잎'이라고 한다. 겨울에는 조금 붉고 거무죽죽한 색이지만 봄이 되면 초록색으로 바뀐다. 봄에 뿌리잎 가운데에서 줄기가 올라온다. 줄기에 나는 잎은 둥글고 길쭉하게 생겼다. 4~5월에 줄기 끝에 하얀 꽃이 모여난다. 꽃자루 끝에 열매가 달리는데 심장 모양이다. 열매가 여러 개 달린 냉이를 뜯어서 줄기 아래쪽을 잡고 비벼서 돌리면 재미있는 소리가 난다.

분류 십자화과
다른 이름 나이, 나시, 나생이, 나숭게, 내생이
꽃 피는 때 5~6월
특징 봄에 캐서 나물로 먹는다.

닭의장풀(달개비) *Commelina communis*

키는 20~50㎝이다. 줄기 아랫부분이 옆으로 뻗으며 가지가 갈라진다. 잎은 길쭉하고 둥그스름한데 끝이 뾰족하다. 잎겨드랑이에서 꽃대가 나와 파란 꽃이 핀다.

2003년 8월 경기 광명

꽃이 닭 벗을 닮아서 '닭의장풀'이라는 이름이 붙었다. 아침에는 꽃이 싱싱하다가도 햇빛이 쨍쨍 내리쬐면 시들시들해진다. 이슬 내릴 때만 핀다고 다른 나라에서는 '이슬풀'이라고 한다. 흔히 그냥 '달개비'라고도 한다.

　닭의장풀은 밭둑이나 길가, 풀밭, 담장 밑에서 무리지어 자라는 한해살이풀이다. 햇빛이 잘 드는 곳에서도 자라지만 눅눅하고 그늘진 곳을 더 좋아한다. 줄기는 옆으로 기다가 끝으로 갈수록 곧게 선다. 땅에 닿은 줄기 마디에서 새 뿌리를 내린다. 잎은 어긋나게 달리는데 끝이 뾰족하다.

　꽃은 7~8월에 피는데 잎겨드랑이에서 꽃줄기가 나오고 끝에 송편처럼 생긴 포엽이 달린다. 포엽은 꽃이나 눈을 보호하기 위해 생긴 잎이다. 포엽 사이로 새파란 꽃이 고개를 내밀면서 핀다. 꽃잎은 세 장인데, 두 장은 파란색으로 눈에 잘 띄지만 나머지 한 장은 흰색이고 아래쪽에 조그맣게 달린다. 두 꽃잎 아래에는 샛노란 꽃가루주머니가 있다.

　봄에 난 어린 줄기는 연해서 나물로 먹는다. 잎은 열이 높거나 오줌이 잘 나오지 않을 때 약으로 쓴다. 불에 데었을 때 생잎을 찧어 즙을 바르기도 한다. 생선을 먹고 두드러기가 났을 때 꽃을 따서 먹으면 좋다고 한다. 여름에 꽃을 따서 햇볕에 말려 두었다가 차로 마시면 겨울에도 두드러기를 예방할 수 있다.

분류 닭의장풀과
다른 이름 달개비, 닭의밑씻개, 닭의꼬꼬, 닭의씨까비
닮은 종 좀닭의장풀, 애기닭의장풀
꽃 피는 때 7~8월
특징 꽃이 닭 벗처럼 생겼다. 한여름에 파란색 꽃이 핀다.

돌피 *Echinochloa crusgalli*

키는 80~150㎝이다. 줄기는 뭉쳐나며 아래쪽에서 가지를 친다. 잎은 평평하고 가장자리가 껄끄럽다. 꽃은 고깔처럼 생겼고 성글게 핀다.

2003년 8월 경기 광명

돌피는 밭이나 논도랑, 길가에서 나는 한해살이풀이다. 밭둑이나 도랑이나 습지에 흔히 자라고 논에도 많이 난다. 얕은 물 속에서는 아주 튼실하게 자라지만, 발목이 잠기는 물에서 싹이 트면 잘 자라지 못한다. 마른 땅에 자란 것은 키도 작고 이삭과 씨가 훨씬 적게 달린다.

돌피 줄기는 뭉쳐나는데 가늘고 매끈하다. 잎은 붉은빛이 돌고 털은 없지만 까칠까칠하다. 꽃은 7~8월에 피고, 달걀처럼 생긴 이삭이 달린다. 이삭은 고깔 모양으로 빽빽하게 모여 달린다. 작은 이삭은 자주색이고 까끄라기가 있는 것도 있고 없는 것도 있다. 씨앗은 물에 떠서 퍼지거나 새나 집짐승이 먹고 싼 똥으로 퍼지기도 하고 사람 옷에 붙어 퍼지기도 한다.

돌피는 농부들한테는 골칫거리 잡초다. 논에 나면 벼와 닮아서 구별하기가 어렵다. 또 벼처럼 땅 속에 있는 마디에서 싹이 나와서 포기를 늘리며 자란다. 이것을 '분얼'이라고 한다. 한여름에 포기가 두텁게 뭉텅이로 늘어나면 뿌리가 깊고 넓게 뻗어 뽑아 내기 어렵다. 그래서 모내기하고 얼마 지나지 않아 뽑아야 쉽게 없앨 수 있다. 요즘에는 씨앗을 새나 짐승을 먹이려고 일부러 심는 곳도 있다.

분류 벼과
닮은 종 논피, 좀돌피, 대만피, 피
꽃 피는 때 7~8월
특징 밭이나 논에 나는 잡초다.

망초 *Conyza canadensis*

키는 50~150㎝이다. 온몸에 솜털이 나 있다.
줄기가 곧게 자라고 가지가 여러 갈래로
갈라진다. 잎은 길쭉하고 끝이 뾰족하다. 꽃은
하얀색이고 씨앗에는 털이 달려 있다.

2003년 9월 경기 고양 일산

망초는 밭이나 논둑, 길가나 빈 땅에 흔히 자라는 한해살이풀이다. 겨울을 나는 한해살이풀인데, 가을에 싹이 터서 땅바닥에 납작하게 붙어서 겨울을 보내고 이듬해 봄에 높다랗게 자란다. 줄기는 곧게 자라고 가지를 많이 친다. 꽃은 7~9월에 피는데 종처럼 생긴 꽃들이 원뿔 모양으로 달린다. 꽃이 지면 열매가 달리는데 씨앗에 하얀 갓털이 달려 있어서 바람을 타고 멀리까지 날아간다. 망초는 어디서나 잘 자라서 금방 무리를 이룬다. 밭이나 과수원에 나면 농작물보다 더 잘 자라서 농부들에게는 골칫거리다. 뿌리를 땅 속으로 30cm까지 깊게 뻗기도 하는데 뽑으려 해도 잘 안 뽑힌다.

망초는 본디 북아메리카에서 자라는 풀이었는데 개화기인 1900년대에 들어왔다. 유리 그릇처럼 깨지기 쉬운 물건들을 상자에 담을 때 안전하게 담기 위해 그릇 사이에 망초를 끼워 넣었다고 한다. 그렇게 그릇들과 함께 들어와서 곳곳에 널리 퍼지게 된 것이다. 망초가 흔하게 피어나기 시작하면서 나라가 망했다고 '망초' 라는 이름이 붙었다. 망초 어린잎은 나물로 먹는데 서양에서는 부스럼이나 설사가 났을 때 약으로 쓴다.

큰망초

분류 국화과
다른 이름 잔꽃풀, 큰망초, 지붕초, 망풀
닮은 종 큰망초, 실망초, 애기망초
꽃 피는 때 7~9월
특징 어린잎을 나물로 먹는다.

바랭이 *Digitaria ciliaris*

키는 40~90㎝이다. 줄기는 옆으로 뻗고 마디에서 뿌리를 내린다. 잎은 긴 끈처럼 생겼다. 꽃이삭은 3~8개가 손가락처럼 갈라지는데 연한 초록색이거나 자줏빛이 돈다.

2004년 7월 경기 광명

바랭이는 논길이나 밭둑, 산길이나 빈 땅에서 자라는 한해살이풀이다. 줄기는 연하고 독이 없어서 소나 토끼도 곧잘 먹는 풀이다. 또 줄기로 쌀을 이는 조리를 만들어 쓰기도 했는데 그래서 '조리풀'이라고도 한다.

바랭이는 봄에 싹이 나서 여름과 가을에 꽃이 피고 열매를 맺는다. 줄기가 땅 위를 기면서 자라는데 마디마다 새 뿌리를 내리면서 빠르게 둘레로 뻗어 나간다. 풀숲에서 나면 다른 풀에 기대어 곧게 자란다. 꽃은 7~8월에 피는데 줄기 끝에 이삭이 우산살처럼 펴진다. 이삭으로 아이들은 '풀 우산'을 만들어 놀기도 한다. 꽃대를 꺾어서 여러 개로 늘어진 바랭이 이삭 끝을 줄기에 묶으면 둥그런 풀 우산이 된다.

씨앗은 빗물에 둥둥 뜨거나 바람에 날리거나 짐승 털에 붙어서 퍼진다. 새벽녘에 논길을 걸으면 이슬에 젖은 바짓가랑이에도 바랭이 씨앗이 잔뜩 붙는다. 짐승이 먹으면 뱃속에서 소화가 안 되고 똥에 섞여 나온다.

바랭이는 콩밭에 많이 나는데 김매기를 할 때 호미로 뽑아 낸다. 바랭이는 한 번 나면 빨리 자라서 큰 무리를 만들고 뿌리도 깊게 박혀 뽑기 어렵다. 콩 뿌리에 붙어 있는 뿌리혹 개수를 줄어들게 해서 콩이 덜 여물게 한다.

분류 벼과
다른 이름 보래기, 바래기, 조리풀, 바랑이
닮은 종 민바랭이, 좀바랭이, 왕바랭이
꽃 피는 때 7~8월
특징 이삭으로 풀 우산을 만들어 논다.

배암차즈기 *Salvia plebeia*

키는 30~70cm이다.
줄기가 네모지고 곧추선다. 잎은 둥그스름하고
길쭉한데 끝이 조금 뾰족하다. 꽃받침에도 짧은
털이 빽빽하게 나 있다.

2004년 6월 경기 고양

배암차즈기는 꽃이 아주 작은데, 꼭 뱀이 입을 벌린 것처럼 생겼다고 이름에 '배암'이라는 말이 들어갔다. 가을에 난 잎이 땅바닥에 붙어 있는데 배추를 닮았다고 '뱀배추'라고도 하고 뿌리잎이 올록볼록해서 '곰보배추', '문둥이배추'라고도 한다.

배암차즈기는 논둑이나 도랑처럼 물기가 있는 곳에서 잘 자란다. 가을에 싹이 나서 겨울을 나고 이듬해 봄에 자라는 한해살이풀이다. 봄에 줄기가 올라오고 새 잎이 자란다. 줄기는 곧고 잔털이 나 있다. 뿌리에서 난 잎은 잎줄기가 긴데 줄기에 달리는 잎은 잎자루가 짧다. 잎은 겉이 울퉁불퉁하게 생겼고 가장자리에 톱니가 있다. 꽃은 5~6월에 옅은 보라색으로 핀다. 꽃이 필 때쯤 뿌리잎은 시들어 버린다. 줄기 끝에 꽃이삭이 달리는데 아래쪽부터 꽃이 피기 시작해서 점점 길어진다. 꽃잎은 호리병 모양이고 끝은 입술 모양으로 갈라진다. 씨앗은 바람이나 물을 타고 퍼진다.

배암차즈기는 옷감을 물들이는 물감으로 쓴다. 색이 진해서 한 번만 물을 들여도 색이 진하다. 어린잎과 꽃은 나물로 먹기도 한다. 뿌리째 캐어서 햇볕에 말렸다가 약으로도 쓰는데 독을 풀거나 피를 잘 돌게 해 준다.

분류 꿀풀과
다른 이름 뱀차조기, 뱀배추, 곰보배추, 문둥이배추
닮은 종 참배암차즈기, 둥근잎뱀차즈기
꽃 피는 때 5~6월
특징 옷감을 물들일 때 쓴다.

배암차즈기 어린잎

벼룩나물

Stellaria alsine var. undulata

키는 15~25cm이다. 줄기는 가늘고 매끈하다. 잎은 마주난다. 잎은 둥글고 길쭉한데 잿빛이 도는 풀색이다. 꽃은 흰색이고 꽃잎이 다섯 장이다.

2004년 4월 서울 양천

벼룩나물은 작다고 이름에 '벼룩'이라는 말이 들어갔다. 어린순을 나물로 먹는데 풋내가 별로 안 나서 밥을 비벼 먹을 때 날것 그대로 넣어 먹기도 한다. 뿌리째 캐서 멍이 들었을 때 약으로도 쓴다. 별꽃과 닮아서 '들별꽃'이라고도 한다.

　벼룩나물은 밭 둘레나 논둑, 집 둘레, 길가, 냇가에 흔히 자란다. 기름지고 물기가 많은 땅을 좋아한다. 조금 그늘진 곳에서 잘 자란다. 벼룩나물은 가을에 싹이 튼다. 봄에도 싹이 트지만 보통은 가을에 싹이 나서 겨울을 나고, 이듬해 봄과 여름 사이에 꽃이 피고 열매를 맺는다.

　벼룩나물 줄기는 가늘고 털이 없어서 반들반들하다. 뿌리에서 줄기가 나오는데 뿌리 쪽에서 가지를 많이 친다. 그래서 언뜻 보면 뿌리에서 여러 줄기가 갈라져 나온 것처럼 보인다. 잎은 잎자루 없이 줄기에 바로 달리는데 길쭉하고 끝이 뾰족하다. 가장자리는 밋밋하다.

　꽃은 4~5월에 핀다. 잎겨드랑이에서 가는 꽃대가 올라오고 흰색 꽃이 달린다. 꽃잎은 다섯 장인데 끝이 두 갈래로 갈라져 있어서 열 장처럼 보인다. 7월에 열매가 익는데, 둥글고 길쭉하게 생겼다.

분류 석죽과
다른 이름 들별꽃, 개미바늘, 벼룩풀, 보리뱅이
닮은 종 별꽃, 벼룩이자리
꽃 피는 때 4~5월
특징 별꽃과 닮았다.

쇠비름 *Portulaca oleracea*

줄기 길이는 15~30㎝이다. 땅에 납작 붙어 자라거나 비스듬히 자란다. 잎은 어긋나기로 달리기도 하고 마주나기도 한다.

2004년 8월 경기 광명

쇠비름은 밭에 흔하게 자라는 한해살이풀이다. 집 둘레나 과수원, 길가에도 많이 난다. 줄기가 땅에 납작하게 붙어서 기면서 자라고 가지가 여러 갈래로 뻗는다. 줄기는 갈색이고 아주 통통하다. 잎도 통통하고 달걀처럼 생겼다. 꽃은 초여름에서 가을까지 피는데 노란색이고 꽃잎은 다섯 장이다. 꽃은 해가 날 때 잠깐 피었다가 곧 진다.

쇠비름은 끈질긴 풀이라서 잘 안 죽는다. 밭에 났을 때 뽑아서 밭둑에 던져 두어도 곧잘 뿌리를 다시 내린다. 줄기와 잎에 물기가 많아서 뜨거운 햇볕 아래서도 잘 안 마른다. 말라서 죽어 가다가도 비가 조금만 오면 곧 살아난다. 줄기가 낫이나 호미에 잘려도 땅에 닿아 있으면 뿌리가 새로 나서 살아난다. 또 뿌리가 뽑혀 있어도 달려 있는 씨앗은 여문다.

쇠비름은 부드러운 잎과 줄기를 소금물에 살짝 데쳐서 나물로 먹는다. 햇볕에 바싹 말려 묵나물로 갈무리해 두었다가 물에 불려 양념에 버무리거나 기름에 볶아 먹으면 맛이 좋다. 나물로 두고 먹으면 똥과 오줌이 잘 나온다고 한다. 줄기와 잎을 짓찧어서 생긴 물을 벌레 물린 데 바르면 잘 가라앉고 버짐, 옴, 무좀 같은 피부병을 낫게 한다.

분류 쇠비름과
다른 이름 말비름, 돼지풀, 도둑풀, 마치현, 오행초, 마치채
꽃 피는 때 6~8월
특징 뿌리가 뽑혀도 질기게 살아남는다.

애기땅빈대 *Euphorbia supina*

키는 10~25cm이다. 뿌리에서 난 줄기는
여러 개로 갈라져 땅을 기면서 자란다. 줄기에
털이 나 있다. 잎은 마주나고 짧은 잎자루가
있다. 잎 가운데에 불그스름한 점이 있다.

2003년 8월 경기 고양 일산

애기땅빈대는 햇빛이 잘 드는 기름진 땅에서 자라는 한해살이풀이다. 밭, 집 둘레, 시골길, 과수원에서 자란다. 생명력이 강해서 사람이 자주 다니는 길에서도 나고 돌 틈에서도 난다. 도시 한복판 보도블록 틈새를 비집고 나와서 자라기도 한다. 땅빈대와 닮았는데 크기가 작아서 '애기' 라는 말이 앞에 붙었다. 땅빈대는 땅에 딱 붙어산다고 이름이 '땅빈대' 다. 땅빈대는 우리 나라 토박이 풀이고 애기땅빈대는 북아메리카에서 들어온 귀화 식물이다.

애기땅빈대는 줄기가 땅바닥에 바짝 붙어 기면서 자란다. 줄기에서 가지가 두 개씩 갈라진다. 잎은 마주나고 납작하게 벌어지는데 줄기를 따라 두 줄로 줄지어 달린다. 봄부터 여름까지 꽃이 피는데 한 해에 두 번 피기도 한다. 꽃은 잎겨드랑이나 가지에서 피는데 빨갛다. 꽃가루받이는 개미가 도와 준다. 개미는 줄기를 타고 다니면서 꿀을 모으는데, 그러면서 자기도 모르게 몸에 꽃가루를 묻히고 다니면서 꽃가루받이를 해 준다.

애기땅빈대는 약으로 쓴다. 젖이 잘 나오게 하고 피를 멎게 한다. 줄기를 자르면 하얀 물이 나오는데, 부스럼이 나거나 종기가 났을 때 짓찧어 붙이면 잘 낫는다. 또 사마귀가 났을 때 붙이면 사마귀가 잘 떨어진다. 그래서 중남미에서는 '사마귀풀' 이라고 한다.

분류 대극과
다른 이름 좀땅빈대, 애기점박이풀, 비단풀, 땅빈대
닮은 종 땅빈대, 큰땅빈대
꽃 피는 때 6~8월
특징 땅에 바짝 붙어서 자란다.

애기땅빈대 꽃과 열매

애기똥풀

Chelidonium majus var. *asiaticum*

키는 30~70㎝이다. 줄기와 잎에 흰 털이 있다. 잎은 마주나는데 겹잎이다. 잎자루가 있고 날개 모양으로 갈라져 있다. 초여름에 가지 끝에 노란색 꽃이 3~8송이씩 핀다.

2002년 8월 경기 고양 광덕사

애기똥풀은 줄기나 잎에 상처가 나면 샛노란 물이 나오는데 아기 똥 같다고 '애기똥풀'이라는 이름이 붙었다. '젖풀'이나 '씨아똥'이라고도 한다. 햇볕이 잘 드는 밭둑이나 길가에 흔하다. 겨울을 나는 한해살이풀인데 촉촉하고 기름진 땅을 좋아한다.

싹이 난 첫 해에는 뿌리에서 잎만 나와 자란다. 이듬해에 줄기가 나오고 봄에 작고 노란 꽃이 핀다. 줄기와 잎 뒷면에는 하얗고 보송보송한 털이 있다. 잎은 조금 어긋나게 달리고 가장자리에는 굵은 톱니가 있다. 꽃이 진 자리에는 길쭉한 꼬투리가 달리는데 속에 자잘한 씨앗이 들어 있다. 씨앗 하나하나에는 작고 하얀 알갱이가 붙어 있는데 개미들이 아주 좋아한다. 개미는 씨앗을 제 집으로 가져가 알갱이만 떼어 먹고 씨앗을 아무 데나 버린다. 씨앗은 버려진 자리에서 이듬해 싹이 난다. 개미는 맛있는 먹이를 얻어서 좋고, 애기똥풀은 씨앗을 널리 퍼트릴 수 있어서 좋다.

애기똥풀은 옷감을 물들일 때 쓴다. 꽃이랑 잎, 줄기 모두 물감으로 쓸 수 있는데, 꽃 색깔처럼 아주 고운 노란색 물을 들일 수 있다. 아픈 것을 잊게 해 주는 약효가 있어서 진통제로 쓰이기도 한다. 하지만 독이 있어서 약으로 쓸 때는 조심해야 한다. 소도 많이 뜯어 먹으면 탈이 난다. 요즘에는 사람들이 꽃밭에 심어 기르기도 한다.

분류 양귀비과
다른 이름 젖풀, 씨아똥, 까치다리, 버짐풀
꽃 피는 때 5~8월
특징 줄기를 자르면 노란 물이 나온다.

얼치기완두 *Vicia tetrasperma*

키는 30~60cm이다. 잎은 잎자루가 거의 없다.
겹잎인데 쪽잎이 6~12장 달려 있다. 잎자루에는
턱잎이 있다. 꽃대는 길이가 2~3cm이다.

2004년 6월 서울 양천

얼치기완두는 햇빛이 잘 드는 곳에서 자라는 한해살이풀이다. 모래가 많이 섞인 흙을 좋아하는데 길가에 있는 잔디밭, 밭둑, 강둑, 과수원, 너른 풀밭 어디에서나 잘 자란다. 아시아와 유럽에 널리 퍼져 사는데 우리 나라에는 남부 지방이나 서해안 지역, 제주도 같은 섬에 많이 자란다.

얼치기완두는 늦여름부터 초가을 사이에 싹이 난다. 날이 추워지면 자라기를 멈추고 겨울을 난다. 이듬해 봄부터 초여름까지 한창 자라고 열매를 맺는다. 줄기는 가늘고 덩굴진다. 잎은 짝수로 마주난 겹잎인데 쪽잎이 6~12장 달려 있다. 잎 끝은 덩굴손이 된다. 꽃은 5~6월에 피는데 불그스름한 자주색이다. 잎겨드랑이에서 나온 꽃대에 꽃이 1~3개씩 핀다. 꽃이 지면 콩처럼 길쭉한 꼬투리가 달린다. 꼬투리 속에 씨앗이 3~6개 들어 있다.

얼치기완두 뿌리에는 뿌리혹박테리아가 산다. 공기 속에 있는 질소를 잡아서 모아 두는 성질이 있어 땅을 기름지게 한다. 그래서 가을걷이가 끝난 밭에 심으면 흙에 질소가 많아져서 이듬해 농사에 도움이 된다. 또 고추처럼 밭에 옮겨심기를 하는 채소나 곡식을 기를 때, 잡초가 안 나게 미리 얼치기완두를 심기도 한다.

분류 콩과
다른 이름 새갈퀴
닮은 종 새완두, 살갈퀴
꽃 피는 때 5~6월
특징 공기 속에 있는 질소를 땅에 잡아 둔다.

점나도나물 *Cerastium holosteoides* var. *hallaisanense*

키가 15~25cm이다. 줄기는 모여나고 자주색이다. 줄기에 잔털이 있다. 잎은 잎자루가 거의 없다. 꽃대는 꽃이 핀 뒤에 끝이 밑으로 굽는다. 열매 끝에 톱니가 열 개 있다.

2004년 7월 서울 양천

점나도나물은 이른 봄에 어린순을 뜯어서 나물로 먹는다. 잎이 쥐의 귀처럼 생기고 나물로 먹는다고 한자말로 '이채' 라고도 한다. 밭이나 과수원에 나면 잡초라고 뽑지만 곡식이 자라는 데 그리 해롭지는 않다. 밭, 논둑, 과수원, 길가에서 흔히 자라는 한해살이풀이다.

점나도나물은 가을에 싹이 터서 겨울을 지내고 이듬해 봄에 자란다. 줄기는 무더기로 모여나는데 비스듬히 자라고 가지를 친다. 잎은 마주나는데 끝이 좁고 잔털이 퍼져 있다. 5~7월에 흰 꽃이 줄기 끝에 모여서 핀다. 꽃잎은 다섯 장인데 끝이 두 갈래로 살짝 갈라져 있다. 꽃이 핀 뒤에 꽃대가 아래를 보고 숙인다. 열매는 둥근 통처럼 생겼는데 연한 밤색이고 다 익으면 터진다.

우리 나라에는 점나도나물과 닮은 '유럽점나도나물' 도 흔하다. 유럽점나도나물은 다른 나라에서 들어와 자라는 풀이다. 또 큰점나도나물은 한라산, 지리산과 황해도 북쪽 들판에서 나는 여러해살이풀이다.

분류 석죽과
다른 이름 북점나도나물, 섬점나도나물, 섬좀나도나물
닮은 종 유럽점나도나물, 큰점나도나물, 북선점나도나물
꽃 피는 때 5~7월
특징 어린순을 뜯어 나물로 먹는다.

주름잎 *Mazus pumilus*

키는 5~20㎝이다. 잎은 2~6㎝이다. 뿌리 쪽에 난 잎은 마주나는데 크다. 줄기에 붙은 잎은 작은데 어긋난다. 잎 가에 잔 톱니가 있다.

2004년 5월 서울 양천

잎사귀에 주름이 있어서 이름이 '주름잎'이다. 고추밭에 많이 난다고 '고추풀'이라고도 한다. 밭둑이나 논둑, 길가, 과수원에서 자란다. 열을 내리고 종기를 없애는 약효가 있어서 약으로 쓰고, 어린순은 나물로 먹는다.

주름잎은 물기가 있고 기름진 땅에서 사는 한해살이풀이다. 줄기는 모여나고 곧게 선다. 잎은 주걱처럼 생겼는데 둥글납작하다. 꽃은 4~10월에 피고 줄기 끝에 연보라색 꽃이 성기게 달린다. 열매는 둥글게 생겼고 꽃받침이 붙어 있다. 씨앗은 빗물에 쓸리거나 바람에 날려 널리 퍼진다.

주름잎은 봄부터 가을까지 싹이 나는데 꽃이 피고 지고 하면서 열매를 계속 맺는다. 한 해에 여러 번 무리지어 나고 자란다. 밭에 나면 뽑아도 나고 또 나는 끈질긴 잡초다. 가을에 싹이 나면 겨울을 지내고 이듬해 여름에 꽃이 피어 열매를 맺는다. 봄에 싹이 난 것은 가을에 열매를 맺는다.

분류 현삼과
다른 이름 고추풀, 담배깡탱이, 담배풀, 고초풀
닮은 종 누운주름잎
꽃 피는 때 4~10월
특징 잎에 주름이 있다.

쥐꼬리망초 *Justicia procumbens*

키는 10~40㎝이다. 줄기에는 모서리가 여섯 개 있다. 잔털이 아래를 보고 나 있다. 꽃은 길이가 2~5㎝인데 이삭처럼 생겼다. 꽃이 빽빽하게 달린다.

2004년 8월 경기 고양 일산

꽃 이삭이 쥐 꼬리처럼 생겨서 '쥐꼬리망초' 라는 이름이 붙었다. 한자 이름은 '서미초' 인데 '쥐 꼬리 풀' 이라는 뜻이다. 밭이나 과수원, 논둑, 길가, 도랑 가, 숲 가장자리에서 자란다. 우리 나라에 널리 퍼져서 사는 한해살이풀이다.

쥐꼬리망초 줄기는 곧게 뻗는데 모가 졌고 잔털이 성기게 나 있다. 잎 겨드랑이에서 새 가지가 나온다. 잎은 마주나기로 나는데 끝이 뾰족하고 밑이 좁다. 7~9월에 꽃이 가지 끝에 모여서 핀다. 꽃은 입술처럼 생겼고 연보라색이다. 드물게 흰 꽃이 피는 것도 있다. 열매는 버들잎 모양이고 익으면 두 쪽으로 갈라진다.

쥐꼬리망초는 벌이 꽃가루받이를 해 준다. 꿀을 따러 들어 온 벌 등에 꽃가루가 묻었다가 암술머리에 가 붙는다. 이처럼 벌이나 곤충이 가루받이를 해 주는 꽃을 '충매화' 라고 한다. 쥐꼬리망초는 열을 내리고, 독을 풀며, 피가 잘 돌게 하는 약효가 있다. 감기로 열이 나거나 기침을 많이 하거나 목이 아플 때 약으로 쓴다. 뿌리만 빼고 포기째 쓰는데 관절과 근육이 굳거나 아플 때 좋다.

분류 쥐꼬리망초과
다른 이름 무릎꼬리풀, 쥐꼬리망풀, 흰쥐꼬리망초
꽃 피는 때 7~9월
특징 꽃이삭이 쥐 꼬리처럼 생겼다.

쥐꼬리망초 어린잎

쪽 *Persicaria tinctoria*

키는 40~60㎝이다. 줄기는 붉은빛을 띠고 가지가 많이 갈라진다. 잎은 길이가 3~5㎝쯤이다. 열매는 꽃덮개에 싸여 있다.

2003년 7월 경기 포천 국립수목원

쪽은 축축한 곳에서 자라는 한해살이풀이다. 밭둑이나 도랑 가, 길가, 산기슭 풀밭에 많이 난다. 여뀌와 닮았는데 여뀌에 견주어 잎이 훨씬 넓고 줄기에서 가지도 많이 친다. 본디 중국에서 사는 풀인데 아주 오랜 옛날에 우리 나라에 들어왔다. 물감으로 쓰려고 일부러 밭에 심어 기르기도 한다.

쪽은 줄기가 곧게 서고 여러 갈래로 가지를 친다. 줄기는 붉은 자주색을 띠고 털은 없다. 잎은 어긋나고 달걀꼴인데 마르면 검은빛이 도는 남색으로 짙어진다. 줄기를 감싼 턱잎 끝에 털이 있다. 꽃은 8~10월에 가지 끝에 줄줄이 붙어서 핀다. 꽃은 하얗거나 빨갛다. 열매는 세모진 달걀꼴인데 검게 익고 윤기가 난다. 꽃받침은 다섯 장이다. 씨앗은 바람에 날리거나 물살에 실려 널리 퍼진다.

쪽은 아주 오랜 옛날부터 물감으로 썼다. 쪽잎으로 천에 물을 들이면 푸르스름하고 맑은 남색을 얻을 수 있다. 잎과 열매를 약으로도 쓰는데 독을 풀어 주고 열을 내리는 약효가 있다. 벌레에 쏘여 아플 때 짓찧어서 붙이면 잘 가라앉는다. 한방에서는 열매를 '남실'이라고 하고 가루 낸 것은 '청대'라고 한다.

분류 마디풀과
다른 이름 목람, 청대, 남실
닮은 종 여뀌
꽃 피는 때 8~10월
특징 잎으로 천을 물들인다.

큰개불알풀 *Veronica persica*

줄기 길이는 15~30㎝이다. 줄기는 눕다가
끝으로 갈수록 선다. 잎은 세모지고 달걀
모양이다. 꽃은 하늘색인데 짙은 줄이 있다.

2005년 3월 경기 고양 일산

큰개불알풀은 이른 봄에 꽃을 피워 가장 먼저 봄을 알린다. 밭둑에 하늘색 꽃이 무리지어 올망졸망 핀다. 날씨가 따뜻한 남부 지방에서는 한겨울에 꽃이 피기도 한다. 반가운 소식을 알리는 까치처럼 봄 소식을 알린다고 '봄까치꽃'이라고도 한다. 어린순은 나물로 먹고 뼈가 부러지거나 어긋났을 때 약으로 쓴다.

　큰개불알풀은 물기가 많고 기름진 땅을 좋아하는 한해살이풀이다. 밭, 길가, 논둑, 과수원, 산기슭에서 자란다. 줄기는 밑에서 가지를 많이 내는데 옆으로 뻗다가 위로 비스듬히 자라고, 끝이 곧게 선다. 줄기 아래쪽에는 잎이 마주나고, 위쪽은 어긋난다. 잎은 손톱만 하고 가장자리에 톱니가 서너 쌍 있다. 줄기와 잎에 작고 부드러운 털이 많다. 꽃은 3~6월에 피는데 잎겨드랑이에서 꽃자루가 한 개씩 나오고 끝에 달린다. 통꽃인데 꽃잎이 네 개로 깊게 갈라진다. 씨앗은 물에 뜨거나 바람에 날려서 널리 퍼진다. 씨앗은 납작한 열매 껍질 안쪽에 단단히 붙어 있다가 바람에 날려 아주 멀리까지 흩어진다.

　큰개불알풀은 본디 유럽에서 사는 풀이다. 우리 나라에서는 1940년에 전라남도에서 처음으로 발견했다. 개불알풀 무리에서 개불알풀을 빼고 큰개불알풀, 눈개불알풀, 선개불알풀 모두 귀화 식물이다.

분류 현삼과
다른 이름 봄까치꽃, 지금초, 왕지금, 큰지금
닮은 종 개불알풀, 눈개불알풀, 선개불알풀
꽃 피는 때 3~6월
특징 이른 봄에 꽃이 핀다. 꽃이 하늘색이다.

선개불알풀

흰명아주 *Chenopodium album*

키는 60~150㎝이다. 줄기가 아주 굵다. 잎은 세모꼴인데 어긋나게 달린다. 꽃잎이 따로 없고 수술 다섯 개와 암술대 두 개가 있다.

2007년 8월 경기 파주

흰명아주는 햇볕이 잘 드는 밭이나 집 둘레나 길가에서 자라는 한해살이풀이다. 우리 나라에는 명아주 무리가 많은데 그 가운데서 흰명아주가 가장 흔하다. 어디서나 잘 자라고 금방 무리를 이룬다.

흰명아주는 키가 아주 큰데 2m가 넘는 것들도 있다. 줄기는 곧게 나고, 자라면서 나무처럼 단단해진다. 줄기에 초록색 세로줄이 나 있다. 잎은 어긋나게 달리는데 잎자루가 길고 세모꼴이다. 가장자리에는 톱니가 물결 모양으로 나 있다. 새로 난 어린잎에는 하얀 알갱이 같은 털이 다닥다닥 붙어 있다.

6~7월에 꽃이 피는데 줄기 끝에 꽃이삭이 모여난다. 꽃은 꽃잎이 없지만 꽃받침이 별 모양으로 생겨서 꽃잎처럼 보인다. 9~10월에 열매가 다 익으면 터지면서 씨앗이 튀어나온다. 열매는 납작하면서 가운데가 볼록하게 생겼다. 땅에 떨어진 씨앗들은 바람이나 빗물을 타고 퍼져 나간다.

어린잎은 끓는 물에 데쳐서 나물로 먹는다. 옛날 먹을 게 없을 때에는 씨앗을 먹기도 했다. 명아주 무리는 모두 키가 크고, 줄기가 단단해서 옛날부터 지팡이를 만들어 썼다. 명아주로 만든 지팡이를 '청려장'이라고 하는데 가볍고 단단해서 할머니나 할아버지들이 아주 좋아한다.

흰명아주 꽃

분류 명아주과
다른 이름 흰능쟁이, 가는명아주, 제쿨, 맹아대
닮은 종 명아주, 참명아주, 취명아주, 좀명아주
꽃 피는 때 6~7월
특징 줄기로 지팡이를 만들어 쓴다.

산에 사는 풀

가새쑥부쟁이 *Aster incisus*

키는 1~1.5m이다. 잎은 어긋나는데 둥글면서 길쭉하다. 가장자리에 굵은 톱니가 성글게 있고 겉에 털이 조금 나 있다. 가지 끝에 꽃이 하나씩 달린다.

2003년 9월 경기 고양 일산

가새쑥부쟁이는 햇볕이 잘 드는 곳에서 무리지어 자라는 여러해살이풀이다. 산기슭이나 들, 밭 가에서 자라는데 물기가 조금 있는 땅을 좋아한다. 가새쑥부쟁이는 들에서 피는 국화라고 '들국화' 라고도 한다. 하지만 본디 들국화라는 이름을 가진 풀은 없다. 쑥부쟁이, 산국, 감국, 구절초 따위를 다 일컬어 흔히 들국화라고 하는 것이다.

　가새쑥부쟁이는 쑥부쟁이와 닮았는데 가지를 더 많이 치고, 잎 가장자리에 있는 톱니가 쑥부쟁이보다 더 두드러진다. 줄기는 곧게 서고 군데군데 털이 나 있다. 잎은 둥글고 길쭉한데 가장자리에 톱니가 있고 끝이 뾰족하다. 잎자루가 없고 어긋나게 달린다. 뿌리잎은 꽃이 필 때쯤 말라 죽는다. 꽃은 7월부터 피기 시작해서 10월까지 핀다. 가지 끝에 연보라색 꽃이 달린다. 열매는 달걀을 거꾸로 세운 모양인데 다른 국화과 식물처럼 솜털이 달려 있어서 바람을 타고 멀리 퍼진다.

　가새쑥부쟁이 어린잎은 나물로 먹고, 뿌리째 캐어서 말린 다음에 오줌을 잘 나오게 하는 약으로 쓴다.

분류 국화과
다른 이름 쑥부쟁이
닮은 종 쑥부쟁이, 가는쑥부쟁이, 갯쑥부쟁이, 미국쑥부쟁이
꽃 피는 때 7~10월
특징 여름부터 가을까지 연보라색 꽃이 핀다.

고사리 *Pteridium aquilinum* var. *latiusculum*

키는 1m쯤이다. 잎자루는 길이가 20~80㎝인데 연한 볏짚 색이다. 잎은 쪽잎들이 깃털 모양으로 나란히 모여 있다.

2004년 4월 경기 광주 남한산성

고사리는 산이나 숲 속에서 자라는 여러해살이풀이다. 산이면 어디에서나 자라지만 오염이 많이 된 땅에서는 드물다. 햇빛이 잘 드는 곳에서도 나지만 나무 아래 그늘지고 물기가 많은 곳에서 더 잘 자란다.

고사리는 줄기가 따로 없다. 흔히 줄기처럼 보이는 것은 기다란 잎자루다. 이른 봄에 잎자루가 올라오는데 잎이 펴지기 전에 꺾어서 먹는다. 고사리에는 독이 들어 있어서 그냥 먹으면 안 되고, 뜨거운 물에 삶아서 독을 우려낸 다음에 먹는다. 연하고 통통한 순을 삶은 뒤에 무쳐 먹거나 국에 넣어 먹는다. 삶아서 말려 두었다가 물에 불려 볶아 먹기도 한다. 봄에 시골 마을에서는 장독대 위에 고사리를 삶아 널어 말리는 모습을 흔히 볼 수 있다. 봄에 꺾은 고사리 새순은 단백질이 많아서 '산에서 나는 소고기'라고도 한다.

고사리는 꽃을 피우지 않고 홀씨로 번식하는 양치식물이다. 여름부터 가을까지 잎 뒷면 가장자리에 갈색 홀씨주머니가 생겨나 포자를 퍼트린다. 잘 자란 잎은 포자를 삼억 개나 날린다. 뿌리줄기를 옆으로 뻗으면서 새싹을 내 무리를 늘리기도 한다. 땅속줄기는 얼기설기 뻗어 있고 비늘에 싸여 있다.

고사리 어린잎

분류 고사리과
다른 이름 꼬사리, 길상채, 권두채
꽃 피는 때 꽃이 피지 않고 홀씨로 퍼진다.
특징 나물로 즐겨 먹는다.

곰취 *Ligularia fischeri*

키는 1~2m쯤이다. 뿌리에서 난 잎은 폭이 40cm쯤으로 넓고 크다. 잎자루는 60cm 이다. 꽃은 노란색인데 지름이 4~5cm이다.

2004년 7월 강원 평창

곰취는 깊은 산 속 나무 아래에서 자라는 여러해살이풀이다. 잎이 곰 발바닥을 닮았다고 '곰취' 라는 이름이 붙었는데, 곰이 사는 깊은 산에 많이 나서 그렇게 이른다고도 한다. 햇볕이 쨍하게 내리쬐는 곳보다 조금 그늘지고 땅이 촉촉한 곳을 좋아한다. 더운 곳에서는 잘 못 자라고 바람이 잘 통하는 높은 산에 흔하다. 우리 나라 높은 산 어디에나 자라지만 강원도에서 많이 난다.

곰취는 키가 2m까지 자라고 줄기는 곧게 뻗는다. 줄기에는 거미줄 같은 하얀 털이 나 있다. 뿌리에서 난 잎은 심장 모양으로 아주 넓고 가장자리에 톱니가 있다. 줄기에는 잎이 세 장쯤 달리는데 뿌리에서 난 잎보다 작고 잎자루도 짧다. 7~9월에 줄기 끝에 노란 꽃이 모여서 핀다.

곰취는 참취나 미역취와 더불어 우리 겨레가 즐겨 먹는 산나물이다. 어린잎은 맛도 있지만 칼슘과 비타민이 많이 들어 있어 몸에도 좋다. 상추처럼 날로 쌈을 싸 먹고, 잎이 거세지면 데쳐서 나물로 무쳐 먹는다. 곰취 잎은 삶아도 향이 그대로 남아 있다. 깻잎처럼 포개 놓고 간장에 절여 장아찌를 담가 먹기도 한다. 초여름에 딴 잎을 말려 두었다가 겨우내 묵나물로 먹어도 맛있다. 떡을 해 먹기도 하는데 쑥떡보다 빛깔이 더 푸르다. 뿌리는 기침이 많이 날 때나 숨이 찰 때 약으로 쓴다.

분류 국화과
다른 이름 왕곰취, 곰달래, 마제엽, 웅소, 취나물
닮은 종 곤달비
꽃 피는 때 7~9월
특징 쌈, 나물, 장아찌, 떡을 해 먹는다.

꿀풀 *Prunella vulgaris var. lilacina*

키는 20~40㎝이다. 줄기와 잎에 짧고 하얀 털이 나 있다. 잎은 마주나고 끝이 뾰족하다. 가장자리에는 톱니가 나 있고 앞뒷면에 솜털이 있다.

2004년 5월 경기 양평 용문산

꽃에 꿀이 많아서 이름이 '꿀풀' 이다. '꿀방망이' 라고도 하는데 꽃부리를 뽑아서 빨아 보면 단맛이 난다. 그래서 꿀풀 둘레에는 꿀을 모으려고 찾아드는 벌과 나비가 많다. 하지가 지나면 줄기가 시든다고 '하고초' 라고도 한다.

꿀풀은 햇빛이 잘 드는 산이나 들에서 자라는 여러해살이풀이다. 줄기는 곧게 자라고 잔털이 오밀조밀 나 있다. 잎은 마주나는데 잎자루가 없고 달걀꼴이다. 5~6월이 되면 보라색 꽃이 핀다. 꽃줄기가 따로 없고 줄기 끝에 방망이 같은 꽃차례가 생기는데, 그 둘레에 긴 통처럼 생긴 꽃부리가 돌아가면서 난다. 꽃부리 끝은 입술 모양으로 갈라져 있다.

꿀풀은 씨앗으로 번식하지만 줄기로 무리를 늘리기도 한다. 꽃이 지면 옆으로 기는줄기가 나와 새로운 싹이 난다. 가을이 지나면 기는줄기 끝에 겨울눈이 생기는데 겨울을 나고 이듬해 봄에 다시 새싹이 난다.

꿀풀은 꽃을 보려고 꽃밭에 심어 기르기도 한다. 어린순은 나물로 먹는데 데쳐서 하루쯤 쓴맛을 우려낸 다음에 먹는다. 종기가 나거나 염증이 생겼을 때 약으로도 쓴다.

분류 꿀풀과
다른 이름 꿀방망이, 가지골나무, 붉은꿀풀
닮은 종 흰꿀풀, 두메꿀풀
꽃 피는 때 5~6월
특징 꽃에 꿀이 많다.

더덕 *Codonopsis lanceolata*

줄기는 2m까지 자란다. 줄기는 털이 없고 자르면 하얀 물이 나온다. 잎은 둥글고 끝이 뾰족하다. 꽃은 연한 초록색이고 안쪽에 밤색 점이 나 있다.

2005년 8월 서울 마포 성미산

더덕은 깊은 산 속 나무 그늘 아래서 자라는 여러해살이 덩굴식물이다. 서늘하고 바람이 잘 통하는 곳을 좋아해서 강원도에서 많이 난다. 숲길을 걷다가 더덕 줄기를 건드리면 향기가 솔솔 난다. 뿌리를 먹는데, 사람들이 즐겨 먹어서 산에서 캐기도 하고 밭에 심어 기르기도 한다. 밭에 기르는 것보다 산에서 나는 더덕이 향기가 더 진하다.

더덕은 겨울이 되면 잎과 줄기가 다 떨어지고 뿌리로 겨울을 난다. 봄이 되면 뿌리에서 다시 싹이 나와서 자란다. 해가 가면 갈수록 뿌리가 굵어진다. 줄기는 둘레 나무들을 감으며 자란다. 잎은 어긋나게 달리는데 가지 끝에 네 장이 모여난다. 잎 앞면은 푸른색이고 뒷면은 하얗다. 줄기와 잎에서 독특한 향기가 난다. 꽃은 종처럼 생겼는데 끝이 다섯 갈래로 갈라진다.

더덕은 도라지처럼 뿌리를 먹는 나물이다. 향기가 있고 쌉쌀하면서도 단맛이 난다. 무쳐 먹거나 구워서 먹기도 하고, 튀김이나 장아찌를 만들어 먹기도 한다. 구워 먹을 때는 껍질을 벗기고 방망이로 두들겨서 납작하게 편 뒤에 굽는다. 요리를 하기 전에 물에 담가 쌉쌀한 맛을 우려낸다. 뿌리를 말렸다가 약으로도 쓰는데, 가래를 삭이고 기침을 멎게 하는 약효가 있다. 당분이 많아 당뇨병이 있는 사람은 많이 먹지 않는 게 좋다.

분류 초롱꽃과
다른 이름 참더덕, 사삼, 양유근, 산해라
닮은 종 만삼, 푸른더덕, 소경불알
꽃 피는 때 8~9월
특징 뿌리를 나물로 먹고 약으로도 쓴다.

며느리밑씻개 *Persicaria senticosa*

줄기는 1~2m이다. 잎은 길이가 3~6㎝인데 세모지고 끝이 뾰족하다. 턱잎은 둥글게 생겼는데 줄기를 감싼다.

2003년 8월 서울 마포 월드컵공원

며느리밑씻개는 덩굴로 자라는 한해살이풀이다. 길가나 풀밭, 개울가, 밭, 과수원, 햇빛이 잘 드는 산기슭에 흔하게 산다. 줄기와 잎에 난 가시가 억세서 긁히면 아주 따갑고 아프다.

며느리밑씻개 줄기는 길게 뻗고 가지가 여러 갈래로 퍼진다. 가늘고 붉은데 네모지게 생겼다. 줄기 아래쪽에는 갈고리처럼 생긴 가시가 있어서 다른 풀이나 나무를 붙들어 감고 올라가며 자란다. 잎은 세모지게 생겼는데 어긋난다. 잎자루에도 가시가 있고 턱잎이 있다.

꽃은 7~8월에 피는데 가지 끝에 둥글게 모여 달린다. 꽃 하나에 암술과 수술이 모두 들어 있다. 꽃잎은 없고 꽃받침이 꽃잎 노릇을 한다. 열매는 꽃받침에 싸여 있고 세모지고 끝이 뾰족하다. 열매는 검게 익는데 겉이 거칠다.

어린잎은 신맛이 나는데 나물로 먹는다. 자란 잎은 약으로 쓴다. 줄기와 잎을 짓찧어서 쓰기도 하고 말렸다가 가루를 내서 바르거나 끓여서 쓴다. 살갗에 난 부스럼이나 습진에 잘 듣고 치질에도 쓴다.

며느리배꼽

분류 마디풀과
다른 이름 가시모밀, 가시덩굴여뀌, 사광이아재비, 보리탈
닮은 종 며느리배꼽
꽃 피는 때 7~8월
특징 물가에 살고 줄기와 잎에 가시가 있다.

무릇 *Scilla scilloides*

키는 20~50㎝이다. 비늘줄기에서 잎과
꽃대가 올라온다. 모두 털이 없고 매끈하다.
잎은 길이가 15~30㎝이고 꽃대는 잎보다
더 높이 올라온다.

2005년 8월 강원 평창

무릇은 낮은 산이나 밭둑, 길가에서 나는 여러해살이풀이다. 거름기가 많고 촉촉한 땅을 좋아한다. 무릇은 양파처럼 생긴 비늘줄기로 겨울을 난다. 비늘줄기는 달걀처럼 생겼는데 위로 조금 길쭉하고 겉껍질은 갈색이다. 아래쪽에는 짧은 뿌리줄기가 있는데 여기서 수염뿌리를 내린다.

봄에 비늘줄기에서 기다란 잎이 두 장 올라온다. 줄기는 따로 없다. 봄에 나왔던 잎은 여름에 시들고 가을에 다시 잎이 두 장 올라온다. 꽃이 필 때쯤 잎이 시들어서 꽃대만 덩그러니 올라오는 것들도 있다. 꽃은 7~9월에 피는데 잎 사이에서 20~50cm쯤 되는 긴 꽃대가 올라온다. 끝에 원뿔 모양의 꽃차례가 달리고 연한 보랏빛 꽃들이 다닥다닥 붙어서 핀다.

무릇 어린잎은 나물로 먹는데 끓는 물에 데쳐 아린 맛을 우려낸 뒤에 먹는다. 옛날에 먹을 것이 귀했을 때는 비늘줄기와 어린잎을 캐다가 참쑥이나 둥글레와 엿기름을 넣어 엿으로 졸여 먹기도 했다. 무릇 꽃대는 질겨서 대나무 대신 복조리를 만들 때 쓴다. 비늘줄기는 피를 잘 돌게 하는 약으로 쓰고, 뿌리는 구충제로 쓰기도 했다.

분류 백합과
다른 이름 물굿, 물구, 물구지
닮은 종 흰무릇
꽃 피는 때 7~9월
특징 잎이 두 장씩 봄과 가을에 난다.

선씀바귀 *Ixeris strigosa*

키는 20~50cm이다. 온몸에 털이 없고 매끈하다. 잎은 줄기 위로 갈수록 작아지고 톱니도 적어진다. 열매는 익으면 붉은 갈색이다.

2003년 9월 서울 마포

선씀바귀는 산기슭이나 풀밭, 길가에 흔히 자라는 여러해살이풀이다. 햇볕이 잘 드는 곳을 좋아하는데 어디서나 잘 자란다. 줄기는 곧게 자라고 여러 가닥으로 가지를 치기도 한다. 뿌리잎은 여러 장 모여나고 깊게 패여 있다. 잎 가장자리에 톱니가 있고 땅바닥에 넓게 퍼진다. 줄기에 달린 잎은 뿌리잎보다 작고 가장자리가 밋밋하다. 꽃은 5~6월에 피는데 줄기 끝에 꽃이 달린다. 꽃잎은 하얗거나 연한 자줏빛이 돈다. 씨앗에는 하얀 털이 달려 있어서 바람을 타고 멀리 퍼진다.

선씀바귀를 비롯해 씀바귀 종류는 냉이나 고들빼기처럼 봄에 나온 어린잎을 뿌리째 캐어 나물로 먹는다. 맛이 쌉싸름해서 '씀바귀' 라는 이름이 붙었다. 나물로 먹을 때는 쓴맛을 우려낸 뒤에 먹는다. 데쳐서 무쳐 먹기도 하고, 김치를 담그거나 장아찌를 담그기도 한다. 씀바귀 종류는 대부분 꽃이 노란데 선씀바귀 꽃은 자줏빛이 살짝 도는 하얀색이다. 그래서 선씀바귀를 '자주씀바귀' 라고도 한다. 씀바귀는 모두 뿌리째 약으로 쓰는데 열을 내리거나 피를 맑게 하는 약효가 있다.

분류 국화과
다른 이름 자주씀바귀, 쓴씀바귀, 선씀바기, 씀바귀
닮은 종 노랑선씀바귀, 벌씀바귀, 씀바귀, 좀씀바귀
꽃 피는 때 5~6월
특징 나물로 먹고 김치나 장아찌를 담근다.

양지꽃
Potentilla fragarioides var. *major*

키는 30~50cm이다. 줄기가 비스듬히 자라고 긴 털이 있다. 꽃줄기 끝에 노란 꽃이 여러 개 핀다. 꽃은 지름이 15~20mm이다.

2005년 4월 경기 광명

양지바른 곳에 산다고 '양지꽃' 이라는 이름이 붙었다. 이른 봄에 옹기종기 모여서 샛노란 꽃망울을 터뜨린다. 산기슭, 밭둑에 흔하다. 모래가 섞인 흙을 좋아하고 메마른 땅에서도 잘 자란다.

양지꽃은 뿌리로 겨울을 나는 여러해살이풀이다. 겨울이 되면 줄기와 잎은 말라서 죽고 뿌리만 살아서 겨울을 난다. 이듬해 봄이 되면 다시 줄기와 잎자루가 올라오는데 까끌까끌한 긴 털이 나 있다. 잎자루에 잎이 3~9장 마주 나는데 끝에는 세 장이 뭉쳐서 난다. 잎 가장자리는 톱니처럼 생겼다. 양지꽃처럼 잎자루 하나에 잎이 여러 개 나는 것을 '겹잎' 이라고 한다. 겹잎을 가진 풀에는 자운영, 자귀풀, 괭이밥 따위가 있다.

4~6월에 줄기 끝에 작고 노란 꽃이 핀다. 뱀딸기 꽃과 닮았는데 양지꽃은 꽃받침이 작다. 꽃이 지면 달걀처럼 생긴 주름진 열매가 열린다. 싹이 튼 첫해에는 꽃이 안 피고 줄기와 잎만 자라서 뿌리를 튼실하게 한다. 한 번 겨울을 나면 이듬해부터 꽃을 피운다.

어린순은 나물로 먹고 뿌리째 캐어서 약으로 쓴다. 뿌리는 피를 멎게 하고 뭉친 피를 풀어 주는 약효가 있어서 피가 나거나 멍이 들었을 때 쓴다.

분류 장미과
다른 이름 소시랑개비, 큰소시랑개비, 좀양지꽃
닮은 종 세잎양지꽃
꽃 피는 때 4~6월
특징 양지바른 곳에 많이 난다.

억새 *Miscanthus sinensis* var. *purpurascens*

키는 60~200㎝이다. 줄기 아래쪽 지름은 3~7㎝이다. 잎은 가장자리가 거칠다. 이삭은 자루가 긴 것과 짧은 것이 쌍으로 달린다.

2003년 9월 서울 마포 하늘공원

억새는 산과 들에 흔한 여러해살이풀이다. 햇빛이 잘 드는 곳에서 자란다. 갈대와 닮아서 사람들이 헷갈리기도 하지만 여러 모로 다른 점이 많다. 갈대는 물가에서 자라지만 억새는 물기가 없는 땅에서 자라고 메마른 땅에서도 잘 산다. 갈대 이삭은 밤색이지만 억새 이삭은 노란빛이 도는 밝은 갈색이다. 이삭이 달리는 모양도 다른데 갈대 이삭은 원뿔 모양이고 억새 이삭은 빗자루처럼 생겼다.

억새는 마디가 굵고 짧은 뿌리줄기가 있다. 줄기는 모여나는데 속이 비어 있다. 잎은 얇고 길며 나란히맥이다. 잎 가장자리에 있는 톱니가 날카로워서 스치기라도 하면 쉽게 베일 수 있다. 그래서 억새가 많은 곳에서는 긴 옷을 입어야 한다. 9월이 되면 줄기 끝에 꽃이삭이 달리고 시간이 지나면 이삭이 보송보송하게 피어난다. 억새는 무리지어 사는데 가을이 되면 억새밭이 온통 하얗게 된다.

옛날에 볏짚이 귀한 산마을에서는 볏짚 대신 억새로 지붕을 엮었다. 억새로 인 지붕은 볏짚으로 인 것보다 벌레가 덜 꼬이고 훨씬 오래 간다. 억새로 발이나 삼태기도 엮고, 신도 삼고, 밧줄도 꼬아 썼다. 또 흙으로 집을 지을 때 마른 억새를 잘라서 흙과 반죽한 뒤에 벽을 쌓기도 했다. 소나 말을 먹이거나 잘 말렸다가 땔감으로 쓰기도 했다. 약으로도 쓰는데 이삭과 뿌리는 오줌을 잘 나오게 하는 데 쓰고, 줄기는 열을 내리는 데 쓴다.

분류 벼과
다른 이름 으악새, 속새, 어욱, 자주억새
닮은 종 참억새, 물억새, 개억새
꽃 피는 때 9월
특징 가을에 보송보송한 이삭이 달린다.

엉겅퀴 *Cirsium japonicum* var. *maackii*

키가 50~100cm쯤으로 큰 풀이다. 잎은
길이가 15~30cm이고 위로 갈수록 작아진다.
방망이처럼 생긴 꽃송이는 지름이 2~4cm이고
작은 꽃 한 개 길이는 15~20mm이다.

2003년 9월 강원 인제 점봉산

엉겅퀴는 낮은 산이나 들판에서 자라는 여러해살이풀이다. 양지바른 곳을 좋아하고, 모래가 섞인 땅에서 잘 자란다. 잎 가장자리에 날카로운 가시가 나 있어 '가시나물' 이라고도 한다.

엉겅퀴는 줄기가 곧게 자라고 온몸에 흰 털이 나 있다. 잎은 어긋나게 붙는데 깃털처럼 깊게 갈라지고 가장자리에 톱니와 함께 큰 가시가 나 있다. 잎을 잘못 만지면 가시에 찔려 피가 나거나 살갗이 긁혀서 따끔거린다. 꽃은 6~8월에 핀다. 줄기 끝과 잎겨드랑이에서 나온 꽃자루 끝에 동그랗고 짙은 자줏빛 꽃이 달린다. 꽃이 한 개처럼 보이지만 꽃송이 하나에 수많은 작은 꽃들이 다닥다닥 뭉쳐서 핀 것이다.

엉겅퀴 어린잎은 나물로 무쳐 먹거나 국을 끓여 먹는다. 나물로 먹을 때는 살짝 데쳐서 쓴맛을 우려내고 먹는다. 엉겅퀴는 피를 멎게 하는 약효가 있어서 코피같이 몸에서 피가 날 때 약으로 쓴다. 또 신경통이나 관절염에도 좋다. 허리와 무릎이 아플 때 엉겅퀴 뿌리를 캐서 짓이긴 다음 밀가루와 같이 반죽해서 붙이면 아픈 곳이 한결 시원해진다고 한다.

분류 국화과
다른 이름 가시나물, 엉거시, 항가시
닮은 종 좁은잎엉겅퀴, 가시엉겅퀴, 흰가시엉겅퀴
꽃 피는 때 6~8월
특징 잎에 날카로운 가시가 나 있다.

오이풀 *Sanguisorba officinalis*

키는 50~150㎝이다. 줄기는 곧게 자라고 위에서 가지를 친다. 잎자루가 길고, 잎자루 하나에 작은 잎들이 마주 달린다. 10월에 열매가 익는다.

2002년 8월 경기 수원

풀잎에서 오이 냄새가 난다고 '오이풀'이라는 이름이 붙었다. 수박 냄새가 난다고 '수박풀'이라고도 한다. 잎을 따서 코에 대 보면 오이나 수박 냄새가 난다.

오이풀은 햇빛이 잘 드는 산기슭이나 풀숲에서 자라는 여러해살이풀이다. 거름기가 많은 땅을 좋아하고 물을 좋아해서 냇가나 도랑 가 촉촉한 땅에서 잘 자란다. 줄기가 가늘고 키가 크다. 줄기와 잎은 털이 없어 매끈하다. 잎은 둥글고 길쭉하게 생겼는데 잎자루 하나에 작은 잎이 5~12장 마주 달린다. 가장자리에는 자잘한 톱니가 있다. 꽃은 7~9월에 피고, 기다란 꽃줄기에 붉은 꽃이삭이 달리는데 작은 방망이처럼 생겼다.

오이풀은 향기도 좋고 영양이 풍부하다. 봄에 나온 부드러운 어린잎을 나물로 무쳐 먹거나 즙을 내어 먹기도 한다. 꽃과 잎을 말려서 차로 끓여 마시기도 한다. 붉은 꽃봉오리는 장식할 때 쓰기도 한다. 뿌리를 약으로도 쓰는데 피를 맑게 하고 상처가 났을 때 피를 멎게 한다. 코피가 날 때나 불에 데었을 때 쓰고 설사가 날 때도 쓴다.

분류 장미과
다른 이름 외순나물, 수박풀, 산홍초, 지우, 지유
닮은 종 가는오이풀, 큰오이풀, 산오이풀
꽃 피는 때 7~9월
특징 잎에서 오이 냄새가 난다.

우산나물 *Syneilesis palmata*

키는 60~120㎝이다. 잎은 7~9갈래로
나뉘는데, 한 갈래가 다시 두 갈래로 갈라진다.
끝이 뾰족하고 가장자리에 자잘한 톱니가 있다.
6~9월에 분홍색 꽃이 핀다.

2005년 7월 서울 영등포 선유도

우산나물은 봄에 올라온 잎이 우산처럼 생겼다고 '우산나물'이라는 이름이 붙었다. '삿갓나물'이라고도 하는데 삿갓은 비를 막거나 햇볕을 가리기 위해 머리에 쓰는 것이다.

우산나물은 높은 산 깊은 숲 속에서 자라는 여러해살이풀이다. 큰 나무 아래 그늘지고 촉촉한 땅에서 자란다. 땅 속에 있는 짧은 뿌리줄기를 옆으로 뻗으면서 무리를 늘려 나간다. 가지를 치지 않고 줄기에 잎이 바로 달린다. 어릴 때에는 잎에 털이 있지만 자라면서 사라진다. 잎은 손가락처럼 여러 갈래로 갈라진다. 잎 뒷면은 하얀빛이 돌고, 가장자리에 뾰족뾰족한 톱니가 있다. 6월이 되면 긴 꽃대가 올라오고 연한 붉은색 꽃이 핀다. 꽃대 끝에 작은 꽃이 여러 개 모여난다. 초여름에 꽃이 피기 시작해서 초가을까지 핀다.

이른 봄에 나오는 우산나물 어린잎은 나물로 먹는다. 향긋하면서 맛이 좋아 옛날부터 우리 겨레가 즐겨 먹던 산나물이다. 꽃이 예쁘고 오랫동안 펴서 두고 보려고 꽃밭에 일부러 심어 기르기도 한다. 뿌리째 캐서 약으로도 쓰는데 종기를 없애거나 피를 잘 돌게 하는 약효가 있다.

분류 국화과
다른 이름 삿갓나물, 토아산
닮은 종 애기우산나물
꽃 피는 때 6~9월
특징 잎이 우산처럼 생겼다.

잔대 *Adenophora triphylla* var. *japonica*

키는 40~130㎝이다. 줄기가 곧고 온몸에 잔털이 나 있다. 잎은 길이가 4~8㎝이고 끝이 뾰족하다. 꽃은 옅은 보라색이고 길이가 1~2㎝쯤이다.

2003년 8월 강원 평창

잔대는 도라지나 더덕처럼 뿌리를 먹는 산나물이다. 요즘에는 사람들이 많이 먹어서 밭에서 키우기도 한다. 꽃이 예뻐서 꽃밭을 가꿀 때 일부러 심어 기르는 사람들도 많다.

잔대는 산 속 양지바른 곳에서 자라는 여러해살이풀인데 물이 잘 빠지고 거름기가 많은 땅에서 자란다. 줄기가 곧고 하얀 잔털이 나 있다. 뿌리에서 나온 잎은 잎자루가 길고 둥그스름하게 생겼는데 꽃이 필 때쯤 되면 시든다. 줄기에 나는 잎은 층층이 동그랗게 돌려나는데 길쭉하고 끝이 뾰족하다. 가장자리에 자잘한 톱니가 있다. 꽃도 잎처럼 층층이 돌려난다. 꽃은 보랏빛을 띠는 작은 종 모양인데 고개를 아래로 떨어뜨린 채 핀다. 끝이 다섯 갈래로 갈라지고 암술대가 꽃보다 더 길게 나와 있다.

잔대 어린잎은 나물로 먹고 뿌리는 더덕처럼 구워 먹거나 장아찌를 담가 먹는다. 뿌리는 하얀데 흰 물이 많아서 양젖이라는 뜻으로 '양유' 라고도 한다. 잔대 뿌리는 도라지와는 달리 아린 맛도 없고 냄새가 안 난다. 뿌리로 술을 담가 먹기도 하는데 감기나 기관지염에 좋다.

분류 초롱꽃과
다른 이름 딱주, 잔다구, 백마육, 조선제니, 남사삼
닮은 종 층층잔대
꽃 피는 때 7~9월
특징 잎이 층층이 돌려난다. 뿌리를 먹는 산나물이다.

할미꽃 *Pulsatilla koreana*

키는 30~40㎝이다. 뿌리에서 잎이 바로 나고 잎자루가 길다. 잎은 다섯 갈래로 갈라진다. 몸에 온통 하얀 털이 나 있지만 잎과 꽃 앞면에는 털이 없다.

2004년 4월 경기 수원

할미꽃은 산비탈이나 들에서 자라는 여러해살이풀이다. 바람이 잘 통하고 햇빛이 잘 드는 곳에서 자란다. 꽃이 지고 열매를 맺은 뒤에도 하얀 암술대가 길게 자라 나오는데, 꼭 할머니 머리카락 같다고 '할미꽃' 이라는 이름이 붙었다. 머리가 하얀 노인이라는 뜻으로 '백두옹' 이라고도 하고, 꽃이 고개를 숙이고 있는데 그 모양이 구부정한 노인 같다고 '노고초' 라고도 한다. 무덤가에서 흔히 볼 수 있는데 그래서 할머니를 떠올리게 하는 풀이다.

할미꽃은 뿌리로 겨울을 난다. 굵은 흑갈색 뿌리는 땅 속 깊이 단단히 박혀 있다. 이른 봄이 되면 뿌리에서 잎이 뭉쳐나고 꽃대가 올라온다. 줄기와 잎, 꽃 뒷면에는 하얀 털이 빽빽하게 나 있는데 만지면 솜털처럼 보들보들하다. 꽃은 붉은색인데 겉은 흰색 털로 덮여 있다. 종처럼 생긴 꽃이 아래를 향해 피어난다. 6월에 씨앗을 맺고 바람을 타고 멀리 날아간다. 씨앗에서 싹이 트고 나서 서너 해가 지나야 꽃이 핀다.

할미꽃은 약으로 쓰기도 하지만 독이 있어서 아주 조심해야 한다. 잘못 먹으면 피부염에 걸리거나 심장이 멎을 수도 있다. 또 봄에 나온 어린잎이 나물로 먹는 쑥과 닮았기 때문에 잘못 캐지 않도록 조심해야 한다.

분류 미나리아재비과
다른 이름 백두옹, 노고초
닮은 종 가는잎할미꽃, 산할미꽃, 노랑할미꽃
꽃 피는 때 3~4월
특징 독이 있어서 약으로 쓸 때 조심해야 한다.

논이나 물가에 사는 풀

가락지나물 *Potentilla anemonefolia*

줄기는 20~60㎝이다. 줄기 끝은 위를 보고 줄기 마디에서 뿌리가 나기도 한다. 잎은 쪽잎이 3~5장 돌려나는 겹잎이다. 쪽잎 겉에는 털이 드문드문 있다. 뒷면 맥 위에는 누운 털이 있다.

2004년 6월 서울 양천

사람들이 꽃을 따서 가락지를 만들며 놀았다고 '가락지나물'이라는 이름이 붙었다. 나물로 먹는 풀인데, 이른 봄에 연한 줄기와 잎을 데쳐서 찬물에 우려낸 뒤 무쳐 먹는다. 잎과 줄기를 짓찧어 상처가 난 곳이나 벌레에 물린 자리에 붙이면 잘 가라앉는다. 독을 삭히는 약효가 있는데 종기나 습진이 생겼을 때 뿌리째 약으로 쓴다.

가락지나물은 논둑, 밭둑, 물가, 길가, 산기슭에서 자라는 여러해살이풀이다. 과수원이나 밭에 들어와서 잡초로 자라기도 한다. 햇빛이 잘 들면서 눅눅한 곳을 좋아하지만 그늘진 곳에서도 자란다. 줄기 아래쪽은 비스듬히 눕고 위쪽은 곧게 선다. 넓은 곳에서는 줄기가 땅을 기면서 자라는데 잎겨드랑이에서 가지를 내고 옆으로 뻗는다. 잎은 겹잎인데 3~5장 돌려난다. 뿌리잎은 잎자루가 길고 쪽잎이 다섯 장 손바닥처럼 나 있다. 줄기잎은 잎자루가 위로 갈수록 짧아지고 쪽잎이 세 장 있다. 잎 가장자리에 톱니가 있다. 꽃은 봄에서 여름 사이에 피는데 줄기 끝에 노란 꽃이 모여서 핀다. 뱀딸기 꽃이나 양지꽃과 많이 닮았다. 꽃잎은 다섯 장인데 거꾸로 된 심장 모양이다. 열매는 달걀처럼 생겼고 누런 밤색이다. 씨앗으로 널리 퍼진다.

분류 장미과
다른 이름 작은잎가락지나물, 소스랑개비, 아기쇠스랑개비
닮은 종 개소시랑개비, 양지꽃
꽃 피는 때 5~7월
특징 꽃을 따서 가락지를 만들며 논다.

가래 *Potamogeton distinctus*

줄기는 1m쯤 자란다. 물 깊이에 따라 키가 다르다. 물 위에 떠 있는 잎은 두껍고 길쭉하다. 물에 잠기는 잎은 얇고 뾰족하다. 뿌리줄기 마디에 실뿌리가 가늘고 길게 난다.

2004년 8월 경기 용인

가래는 잎 모양이 흙을 파는 농기구 가래처럼 생겼다고 '가래' 라는 이름이 붙었다. 논이나 연못, 저수지나 늪 같은 물에서 사는 여러해살이풀이다. 이른 봄에 어린싹이 나오는데 줄기는 이리저리 구부러지면서 자란다. 잎은 물 위에 떠 있는 잎과 물 속에 잠겨 있는 잎 두 가지가 있다. 꽃은 7~8월에 핀다. 잎겨드랑이에서 꽃대가 올라오는데 끝에 노르스름한 풀색 꽃이 무더기로 핀다. 열매는 9월에서 10월 사이에 익는다.

가래는 씨앗으로도 퍼지지만 땅 속에 있는 뿌리줄기로 더 잘 퍼진다. 한 번 나면 뿌리가 여러 갈래로 뻗으면서 무리를 크게 이룬다. 논에서 김을 맬 때 뽑아 내는데 여러 번 뽑아 내도 안 죽고 살아서 농부들한테는 골칫거리다. 줄기가 남으면 싹이 나서 다시 자라고, 마디에서도 뿌리가 새로 나와서 산다. 요즘에는 기계로 농사일을 하다 보니 농기계에 가래가 많이 잘리는데, 그래서 오히려 더 많이 퍼지기도 한다.

가래는 약으로도 쓴다. 고기나 생선을 먹고 얹혔을 때 뿌리째 달여서 먹으면 잘 내려간다. 배가 아플 때 약으로 많이 쓰고, 독을 풀어 주는 약효가 있다.

분류 가래과
다른 이름 긴잎가래
닮은 종 가는가래, 좀가래, 애기가래
꽃 피는 때 7~8월
특징 줄기가 잘려도 안 죽고 산다.

가막사리 *Bidens tripartita*

키는 1.5m쯤이다. 잎은 마주나는데
3~5장으로 갈라지고 가장자리에 톱니가 있다.
꽃대는 길이가 4~15㎝이다. 꽃은 대롱처럼
생겼는데 끝이 네 개로 갈라진다.

2003년 9월 경기 고양 일산

가막사리는 물가에서 사는 한해살이풀이다. 논, 도랑, 개울가, 늪에서 흔히 자란다. 농사를 안 짓는 묵은 논에서도 잘 자란다. 기름진 땅을 좋아하는데 논에 많이 나서 벼가 먹을 양분을 빼앗아 먹는다. 또 벼보다 키가 커서 햇빛을 가리기 때문에 곡식이 잘 여물지 못하게 한다. 어린순은 뜯어서 나물로 먹는다. 결핵을 치료하는 약으로도 쓰는데 달이거나 생즙을 내서 쓴다.

가막사리 줄기는 꼿꼿하면서 아주 길다. 꽃은 8~10월에 줄기와 가지 끝에 하나씩 핀다. 한 송이처럼 보이지만 아주 작은 꽃들이 빽빽이 붙어 있다. 꽃이 지고 난 자리에 씨앗이 맺힌다. 다 여문 씨앗에는 두 갈래로 갈라진 길고 뾰족한 가시가 있다. 가시 가장자리에 작은 가시가 삐죽삐죽 솟아 있다.

씨앗은 여문 뒤에도 줄기에 붙어 있다가 사람이나 짐승이 지나갈 때 옷이나 털에 붙는다. 씨앗에 가시가 있어서 털에 한 번 박히면 잘 안 떨어진다. 짐승이 땅바닥이나 풀밭에서 뒹굴거나 나뭇등걸에 비비면 떨어진다. 또 물가에서 사는 풀이 그렇듯이 씨앗이 가벼워서 물에 동동 뜨고 물살에 실려 멀리 퍼진다. 씨앗은 아주 딱딱해서 웬만한 물기에도 잘 안 썩는다.

분류 국화과
다른 이름 가막살
꽃 피는 때 8~10월
닮은 종 미국가막사리
특징 씨앗이 짐승 털에 잘 붙는다.

가막사리 씨앗

개구리밥 *Spirodela polyrhiza*

크기는 길이 5~9㎜, 너비 4~6㎜이다. 잎은 동글납작하다. 앞면은 반들반들한 풀색이고 뒷면은 보랏빛이 돈다. 잎이 서너 장씩 붙은 채 살아가다가 떨어져 나와 새로운 무리를 이룬다.

2004년 8월 경기 고양 일산

개구리가 사는 곳에 많다고 '개구리밥' 이라는 이름이 붙었다. 논, 도랑, 연못, 늪, 물웅덩이 같은 고여 있는 물에 둥둥 떠서 산다. 개구리는 개구리밥 사이에 잘 숨는데 눈만 빠끔히 내놓고 밖을 살핀다. 요즘에는 개구리밥을 연못이나 어항에다 일부러 키우기도 한다. 가루를 내어 약으로도 쓰고, 집짐승이나 물고기 먹이로도 쓴다.

개구리밥은 줄기와 잎이 따로 나누어지지 않고 하나로 되어 있다. 물에 떠서 살기 좋게 동글납작하게 생겼다. 잎마다 가느다란 뿌리가 5~11개 나 있는데, 이 뿌리들은 개구리밥이 뒤집히는 것을 막아 주고 바람이나 물결에 쉽게 떠내려가지 않게 해 준다. 6~8월에 흰색 꽃이 핀다. 꽃이 피는 일이 아주 드물고, 너무 작기 때문에 보기 어렵다. 꽃잎은 없다. 열매는 10월에 익는다.

개구리밥은 날씨가 따뜻할 때에는 계속 새 잎을 만들어 퍼져 나간다. 잎 뒤에 가는 실뿌리가 5~11개 나오고, 그 옆에 새로운 싹이 생겨난다. 한여름에는 논을 온통 뒤덮을 만큼 퍼지기도 한다. 겨울이 다가와 날씨가 추워지면 겨울눈을 만든다. 작은 겨울눈이 몸에서 떨어져 물 밑으로 가라앉는다. 이듬해 봄이 되면 물 위로 떠올라서 다시 자란다. 여름에 꽃을 피우고 씨앗을 맺기도 하지만 씨로 번식하는 일은 아주 드물다.

분류 개구리밥과
다른 이름 머구리밥, 부평초, 수평, 자평
닮은 종 좀개구리밥
꽃 피는 때 7~8월
특징 개구리가 많은 논이나 도랑에서 산다.

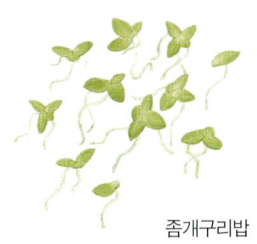

좀개구리밥

개피 *Beckmannia syzigachne*

키는 30~90㎝이다. 줄기는 곧게 선다. 잎은 가늘고 긴데 어긋난다. 옆은 녹색인데 납작하고 가장자리에 잔 톱니가 있다.

2003년 6월 경기 포천 국립수목원

논에서 자라는 피와 닮았다고 '개피'라는 이름이 붙었다. 하지만 피하고는 다르게 생겼다. 논두렁, 도랑, 묵은 논, 냇가, 연못가, 늪에서 흔하게 자란다. 햇빛이 잘 드는 기름진 땅이나 퇴비를 많이 넣은 논에서는 더 잘 자란다. 가을걷이를 마친 논에 나서 다음 해 모내기 전에 열매를 맺는다. 벼가 자라는 때와 겹치지 않아서 농사에 해를 주지는 않는다. 개피는 베어다가 집짐승을 먹이기도 한다.

개피는 가을에 나서 겨울을 보내는 한해살이풀이다. 어린싹으로 겨울을 보내고 이른 봄에 다시 자란다. 줄기는 뭉쳐나고 곧게 자란다. 5~6월에 꽃이 피고 열매가 이삭으로 맺힌다. 가지마다 작은 이삭이 두 줄로 다닥다닥 붙는다. 씨앗은 아주 동그랗고 납작한데 가벼워서 물에 잘 뜬다. 물살에 실려 흘러가거나 바람에 날려서 퍼지기도 한다.

개피는 뚝새풀과 함께 가을 논에 해마다 난다. 벼농사를 짓기 전에 씨앗이 익어서 떨어지는데 논물에 둥둥 떠 있다가 물 속으로 가라앉는다. 기온이 높은 여름을 보내면서 싹틀 준비를 한다. 가을이 되어 날씨가 추워지기 시작하면 싹이 돋는다.

분류 벼과
다른 이름 늪피, 물피
꽃 피는 때 5~6월
특징 가을걷이를 마친 논에 난다.

검정말 *Hydrilla verticillata*

줄기는 30~60㎝이다. 줄기는 가늘고 마디가 많다. 잎은 3~8장씩 돌려나지만 마주나는 것도 있다. 잎 가장자리에 톱니가 있고 끝이 뾰족하다.

2005년 8월 경기 용인

검정말은 물 속에서 사는 여러해살이풀이다. 냇물, 도랑, 연못, 저수지, 늪처럼 물이 느리게 흐르는 곳이나 고인 물에서 무리지어 자란다. 뿌리는 물밑 땅에 단단히 박혀 있고 줄기와 잎은 물살에 따라 이리저리 흔들리면서 산다. 줄기가 흐늘흐늘해서 물살이 세도 잘 끊어지지 않고 살 수 있다. 줄기가 끊어져도 물 아래로 가라앉으면 다시 뿌리를 내리고 산다. 가을에 줄기와 가지 끝, 줄기 밑에 있는 마디나 땅속줄기에서 겨울눈을 만들어 번식한다. 이듬해에 겨울눈에서 새로 싹이 난다.

검정말은 암꽃과 수꽃이 따로따로 피는데, 암꽃과 수꽃이 한 그루에서 같이 피는 것도 있다. 8~9월 잎겨드랑이에서 암꽃이 생기면 씨방이 길게 자라 물 위로 뜬다. 수꽃도 잎겨드랑이에서 생기는데 꽃대가 짧다. 처음에는 둥근 주머니 같은 곳에 들어 있다가 꽃가루가 여물면 둥근 주머니가 옆으로 갈라지면서 수꽃이 꽃대에서 떨어져 나온다. 물결을 따라 둥둥 떠다니다가 암술머리에 닿으면 가루받이를 한다. 물의 도움으로 가루받이를 하는 셈인데 이런 꽃을 '수매화'라고 한다. 여름부터 늦가을까지 씨앗을 맺는다.

검정말은 한 번 생기면 빨리 자라서 무리를 크게 이룬다. 양어장 같은 곳에 생기면 금세 물을 뒤덮어 버린다. 검정말에는 장구벌레가 먹는 작은 조류가 많이 붙어서 산다. 그래서 검정말이 뒤덮인 곳에는 모기가 많다.

분류 자라풀과
꽃 피는 때 8~9월
특징 땅에 뿌리를 박고 물살에 흔들리며 산다.

고마리 *Persicaria thunbergii*

키는 30~70㎝이다. 줄기는 모가 나 있고,
갈고리 같은 잔가시가 성글게 나 있다.
잎은 길이가 4~7㎝이고, 가운데에 거무스름한
무늬가 있다. 잎 앞뒤에 털이 성기게 나 있다.

2003년 9월 경기 광명

고마리는 물가에서 흔히 볼 수 있는 한해살이풀이다. 냇가, 늪, 논둑에 무리지어 자라는데 햇볕이 잘 드는 곳을 좋아한다. 도랑 가에 많이 나고, 산 속 약수터 둘레에서도 자란다. 빨리 퍼져서 묵은 논을 한두 해 만에 뒤덮어 버린다. 고마리 풀숲에 꽃뱀이 잘 숨는다고 전라도에서는 '뱀풀' 이라고도 한다.

고마리 줄기는 땅 위를 기는데 끝으로 갈수록 비스듬하게 선다. 누운 줄기 마디에서는 뿌리를 내린다. 잎은 어긋나고 세모꼴인데 방패처럼 생겼다. 8~9월에 꽃이 피는데 흰색이나 분홍색 꽃이 줄기 끝에 10~20개씩 뭉쳐 핀다. 꽃받침이 마치 꽃처럼 보인다. 열매는 10~11월에 익는데 세모지고 잿빛을 띠는 밤색이다. 꽃받침에 싸여 있다.

옛날에는 홍역을 앓으면 고마리를 베어다가 짓찧어서 걸쭉한 즙을 내 물에 타 먹었다. 줄기와 잎은 피를 멈추게 하는 약효가 있다고 한다. 고마리 어린순은 나물로도 먹는다. 고마리는 오염된 물을 맑게 한다. 물 속에 녹아 있는 질소나 인을 빨아들이고 납이나 카드뮴 같은 중금속을 빨아들이기도 한다. 또 다른 물풀들이 그렇듯이 물 속에 산소를 불어 넣는다.

분류 마디풀과
다른 이름 고만이, 꼬마리, 줄고만이, 뱀풀
꽃 피는 때 8~9월
특징 오염된 물을 맑게 해 준다.

고마리 꽃

도깨비바늘 *Bidens bipinnata*

키는 25~85cm이다. 잎은 깃꼴로 두 번 깊게 갈라진다. 세 번 갈라지는 것도 있다. 털이 있다.

2003년 9월 경기 고양 일산

도깨비바늘은 물가에서 자라는 한해살이풀이다. 산기슭이나 밭, 길가, 풀밭에서도 난다. 눅눅한 곳에서 자라는데 모래땅을 좋아한다. 가을에 풀숲을 걸어다니면 도깨비바늘 씨앗이 언제 붙었는지 모를 만큼 감쪽같이 옷에 달라붙어 있다. 사람 옷 솔기에 붙으면 깊숙이 박히고 짐승 털에도 엉켜 붙는다.

봄에 싹이 나서 여름부터 가을까지 꽃이 핀다. 줄기는 곧게 자라다가 가지를 친다. 모가 졌고 털이 거의 없다. 잎은 마주나는데 깃꼴로 갈라지고 위로 갈수록 작아진다. 꽃은 아주 노랗다. 다른 국화과 풀처럼 작은 통꽃이 모여 피는데 가장자리에 혀꽃이 1~5장 나 있다. 씨앗은 다 익은 뒤에도 줄기에서 떨어지지 않고 매달려 있다가 사람이나 짐승이 지나갈 때 옷이나 털에 단단히 붙는다. 한 번 달라붙은 씨앗은 잘 떨어지지 않고 옷이나 털을 파고들어 가시처럼 찌른다. 사람이나 동물이 씨앗을 떼어 내면 씨앗이 퍼지는 셈이다.

도깨비바늘은 어린순을 나물로 먹는다. 약으로도 쓰는데 여름과 가을에 줄기와 잎을 뜯어서 햇볕에 말렸다가 쓴다. 열을 내리고, 독을 풀고, 종기를 없애는 약효가 있다. 독이 있는 벌레에 쏘였을 때 짓찧어 바르면 덜 가렵다. 도깨비바늘과 닮은 풀은 다른 나라에서 들어온 미국가막사리와 까치발, 털도깨비바늘이 있다.

분류 국화과
다른 이름 도깨비바눌, 좀도깨비바늘, 귀침초
닮은 종 털도깨비바늘, 미국가막사리, 까치발
꽃 피는 때 8~10월
특징 씨앗에 가시가 있어서 옷에 잘 붙는다.

뚝새풀(둑새풀) *Alopecurus aequalis var. amurensis*

키는 40㎝쯤이다. 줄기는 곧고 뿌리 쪽에 모여난다. 잎은 편평하다. 잎은 길이가 5~15㎝, 너비는 1.5~5㎜이다. 꽃이삭은 길이가 3~8㎝인데 연한 녹색이다.

2004년 4월 경기 고양 일산

뚝새풀은 햇빛이 잘 드는 밭이나 물가에 사는 한해살이풀이다. 물기가 있고 거름기가 많은 땅을 좋아해서 논이나 습지에 많다. 메마른 땅에서는 잘 안 난다. 가을에 싹이 터서 조금 자라다가 겨울을 난 뒤에 봄이 되면 빠르게 자란다. 이른 봄 논을 갈아엎기 전까지 논을 뒤덮는다. 보리밭에도 많이 난다. 남쪽 지방에서는 봄에 뚝새풀이나 자운영이 뒤덮은 논을 볼 수 있다.

뚝새풀은 논에 물을 대고 쟁기로 갈아엎기 전에 이삭을 내밀고 씨앗을 맺는다. 줄기는 뿌리에서 여러 개 뭉쳐난다. 잎은 끈처럼 얇고 길쭉하다. 줄기는 희끗희끗한 빛이 도는 푸른색인데 털이 없고 가장자리도 밋밋하다. 봄이나 초여름에 방망이처럼 생긴 길쭉한 초록색 꽃이삭이 나온다. 꽃이삭에는 귤색 꽃가루가 잔뜩 묻어 있다. 5~6월에 씨앗이 익는데 바닥에 떨어진 씨앗들은 논물 속에서 여름내 잠을 자다가 벼를 거둘 때가 되어 물을 빼고 논을 말리면 싹이 나기 시작한다.

뚝새풀 가운데 밭에서 자라는 것은 씨앗을 더 많이 만든다. 씨앗은 싹트는 게 여의치 않으면 오랫동안 잠을 잔다. 싹트기 좋은 환경이 되면 싹이 트고 자란다. 논에서 자라는 뚝새풀은 사람들이 논에 벼를 심고 거두는 때를 피해서 싹이 나고 자란다. 벼가 안 자랄 때는 뚝새풀이 온 논을 차지해서 자란다.

분류 벼과
다른 이름 둑새풀, 독새풀, 독새, 독새기, 개풀
닮은 종 털뚝새풀, 쥐꼬리뚝새풀, 큰뚝새풀
꽃 피는 때 4~6월
특징 줄기와 잎은 몸이 붓거나 배탈이 날 때 약으로 쓴다.

마디꽃 *Rotala indica*

키는 10~15㎝이다. 줄기가 붉고 잎은 짙은 초록색이다. 꽃잎과 꽃받침은 모두 네 개로 갈라진다. 수술도 네 개이다.

2004년 8월 충북 청원

마디꽃은 마디마다 꽃이 달린다고 이름이 '마디꽃' 이다. 물기가 많은 곳에서 자라는 한해살이풀이다. 논에 나는 논풀인데 벼가 자라는 데 큰 해를 끼치지는 않는다. 벼가 아직 어릴 때는 벼가 먹을 양분을 빼앗아 먹기도 한다. 논이나 도랑, 습지에 흔한데 햇빛이 잘 들고 거름기가 많은 땅을 좋아한다.

마디꽃은 봄에 나서 여름부터 가을 사이에 꽃이 핀다. 크게 자라도 15cm쯤밖에 안 되는 작은 풀이다. 줄기는 붉은색을 띠고 비스듬히 자라다가 바로 선다. 잎은 마주나기로 달리는데 주걱 모양이고 작고 동글동글하다. 꽃은 7~8월에 피는데 잎겨드랑이에 하나씩 달린다. 꽃잎은 옅은 붉은색이고 꽃받침이 꽃을 감싸고 있다.

마디꽃 씨앗은 아주 작은데 물에 떠서 멀리까지 퍼진다. 씨앗은 이듬해 봄부터 가을 사이에 싹이 난다. 씨앗은 싹틀 때 둘레 온도와 산소, 빛의 영향을 많이 받는다. 산소가 없으면 싹트지 않는다. 물이 깊을수록 싹이 더 많이 튼다.

분류 부처꽃과
다른 이름 새마디꽃, 개마디꽃, 참마디꽃
닮은 종 가는마디꽃, 물마디꽃
꽃 피는 때 7~8월
특징 마디마다 꽃이 핀다.

마디꽃 꽃

마름 *Trapa japonica*

잎은 길이가 2~5㎝이고 너비는
3~8㎝쯤이다. 잎 가에 잔 톱니가 있다.
흰 꽃이 피는데 꽃잎은 네 장이다.
열매는 아주 딱딱하다.

2005년 9월 경기 광명

잎이 마름모꼴이라고 '마름'이라는 이름이 붙었다. 냇물이나 도랑, 연못, 웅덩이, 늪, 강에서 자라는 한해살이 물풀이다. 물살이 센 곳보다는 늪이나 저수지처럼 고인 물에서 잘 자란다. 경남 창녕 우포늪과 낙동강 둘레에 있는 늪은 마름이 떼를 이루어 사는 곳으로 이름이 나 있다.

마름은 진흙 속에 뿌리를 내리며 산다. 줄기는 가늘고 긴데 물 깊이에 따라서 길이가 달라진다. 물이 깊어지면 마디 사이가 길어진다. 잎은 줄기 끝에 나는데 물 위에 뜨고 여러 쪽으로 퍼진다. 잎자루에 뭉툭하게 부풀어오른 공기주머니가 있어서 잎이 물 위로 잘 뜬다. 한여름에 꽃대가 올라와서 흰색 꽃이나 붉은빛이 도는 꽃이 핀다. 꽃이 지면 납작한 열매가 맺히는데 거꾸로 된 세모꼴로 생겼고 양쪽에 가시 같은 뿔이 두 개 있다. 마름이 많이 사는 곳에 들어갈 때는 열매에 찔리지 않게 조심해야 한다.

가을이 되면 열매가 물 속으로 떨어져 진흙에 묻힌다. 이듬해 봄이 오면 싹이 트고 줄기가 나오면서 퍼진다. 가을에 검은 껍질을 깨면 하얀 속살이 나온다. 이것을 '말밤' 또는 '말밥'이라고 한다. 쪄서 먹거나 날로 먹는데 고소한 맛이 난다. 옛날에는 밤 대신 마름 열매를 제사상에 올렸다고도 한다. 하지만 열매를 많이 먹으면 배탈이 날 수도 있다.

분류 마름과
다른 이름 릉, 릉각, 릉화, 새발마름
닮은 종 애기마름
꽃 피는 때 7~8월
특징 잎이 마름모꼴이다.

마름 열매

물달개비 *Monochoria vaginalis var. plantaginea*

뿌리에 잎이 바로 달린다. 잎자루 길이는
10~20㎝이다. 줄기는 없다. 꽃잎이
여섯 장이고 수술은 여섯 개인데, 한 개만
뚜렷하게 크고 꽃가루가 들어 있다.

2004년 8월 충북 청원

물에 사는 달개비라는 뜻으로 '물달개비' 라는 이름이 붙었다. 달개비는 닭의장풀을 달리 가리키는 이름이다. 오리 혓바닥 풀이라는 뜻으로 한자로 '압설초' 라고 한다. 물옥잠과 닮았는데 물옥잠보다 꽃이 작고 꽃대가 낮다.

물달개비는 늪이나 논, 도랑에서 자라는 한해살이풀이다. 햇빛이 잘 드는 곳을 좋아하는데 얕은 물 속이나 물 가장자리에서 무리지어 자란다. 논에 한 번 나서 퍼지면 김매기를 하면서 걷어 내야 할 정도로 걱정스러운 잡초다. 화학 비료를 뿌린 논이나 퇴비를 많이 넣어 기름진 논에서는 한꺼번에 빨리 퍼진다. 한 번 자라면 금방 무리를 늘린다. 꽃을 보려고 연못에 일부러 기르기도 한다.

물달개비는 온몸이 매끄럽고 윤기가 난다. 뿌리에서 줄기가 모여나고 긴 잎자루 끝에 잎이 하나씩 달린다. 잎은 모종삽처럼 끝이 뾰족하게 생겼다. 잎자루는 물 깊이에 따라 짧거나 길다. 한여름에 꽃대가 올라와 파란색 꽃이 모여서 핀다. 잎보다 꽃대가 낮아 꽃이 잘 안 보인다. 그래서 곤충의 도움을 받는 게 어려워 스스로 꽃가루받이를 한다. 꽃이 지면 꽃대가 아래로 구부러지면서 열매가 달린다. 열매는 다 여물면 물 속으로 떨어지는데 물을 먹고 부풀어오르다가 터진다. 이 때 씨앗들이 물 속으로 퍼져 나가고 물살을 타고 멀리까지 간다.

물달개비 어린잎

분류 물옥잠과
다른 이름 물닭개비, 압설초
닮은 종 물옥잠
꽃 피는 때 8~9월
특징 스스로 꽃가루받이를 한다.

물옥잠 *Monochoria korsakowii*

키는 20~40㎝쯤이다. 줄기 속에는 구멍이 많이 나 있다. 잎은 짙은 초록색이고 두껍고 윤이 난다. 잎자루는 5~20㎝이다. 꽃은 푸른색이고 꽃잎은 둥글고 길다.

2004년 9월 경기 고양 일산

물옥잠은 늪이나 도랑, 연못에서 자라는 한해살이풀이다. 얕은 물에서 자라며 햇빛이 잘 드는 곳을 좋아한다. 잎이랑 꽃 피는 모양이 옥잠화와 닮았는데 물에 산다고 '물옥잠' 이라고 한다. 늪이나 농사를 안 짓는 묵은 논에 무리지어 나기도 한다. 논에 나면 벼가 먹을 양분을 빼앗는 잡초다.

물옥잠은 물에 떠서 사는 부레옥잠과는 달리 물 속 땅에 뿌리를 내리고 산다. 그래서 얕은 물에 사는데 자라기 시작할 무렵에 물이 깊어지면 잎자루를 길게 뻗어 물 밖으로 잎을 내놓는다. 하지만 갑자기 비가 많이 오거나 물이 차 올라 물 속에 잠기면 죽어 버리고 만다. 광합성을 하지 못하기 때문이다.

물옥잠 잎은 심장 모양인데 빤들빤들 윤이 난다. 가장자리는 밋밋하고 끝이 뾰족하다. 뿌리에서 난 잎은 잎자루가 아주 길고, 줄기에서 나온 잎은 잎자루가 짧다. 꽃은 여름부터 가을까지 피는데 줄기 끝에 여러 개 모여서 핀다. 꽃잎은 푸른색이고 가운데 수술은 노란색이다.

물옥잠은 꽃을 보려고 연못이나 물가에 일부러 심어 기른다. 또 어항이나 꽃병에 담아 집 안에 두면 자연스레 습기를 조절해 준다. 옛날에는 줄기와 잎을 먹기도 했다. 열이 나거나 천식이 있을 때 약으로도 쓴다.

분류 물옥잠과
다른 이름 우구화, 우구
닮은 종 물달개비, 부레옥잠
꽃 피는 때 6~8월
특징 연못에 심어 기른다.

물질경이 *Ottelia alismoides*

잎은 길이가 10~25㎝, 너비는 2~15㎝이다. 잎자루가 길다. 꽃은 지름이 3㎝쯤이다. 분홍색 또는 하얀색인데 꽃잎과 꽃받침 모두 세 장씩이다. 꽃줄기 길이는 25~50㎝이다.

2004년 8월 경기 용인

질경이와 닮았는데 물에 산다고 '물질경이' 라고 한다. '물배추' 라고도 한다. 얕은 물 속에 잠겨서 자라는 한해살이풀이다. 논이나 도랑, 연못, 늪, 저수지에 나는데 물 속 땅 밑에 뿌리를 박고 산다. 햇빛이 잘 드는 곳을 좋아하는데 그늘이 조금 들어도 잘 산다. 잎이 얇고 연약해서 물 밖으로 나오면 쉽게 말라 버린다.

물질경이는 봄에 싹이 터서 자라다가 가을에 꽃을 피운다. 잎은 모두 물 속에 잠겨 있고 꽃만 물 밖으로 나와서 핀다. 물 깊이에 따라서 잎자루 길이와 꽃줄기가 길어졌다 짧아졌다 한다. 줄기가 따로 없고 뿌리에 잎이 모여난다. 잎에는 세로 줄무늬 같은 잎맥이 두드러져 보인다. 가장자리에는 주름이 조금 있고, 톱니도 있다. 꽃은 8~9월에 핀다. 꽃줄기가 아주 길게 자라 물 밖으로 나오고 꽃이 달린다. 꽃은 분홍색인데 꽃잎이 세 장이다. 열매는 길쭉하게 생겼는데 열매 속에 씨앗이 많이 들어 있다. 씨앗은 물에 잠겨서 몇 년이고 지내다가 알맞은 때에 싹이 튼다.

물질경이 잎과 줄기는 천식이나 기침을 멎게 하는 약으로 쓴다. 짓찧어서 종기에 붙이기도 한다. 꽃이 예뻐서 두고 보려고 어항에 심어 기르기도 한다.

분류 자라풀과
다른 이름 물배추, 수차전, 용설초
닮은 종 자라풀
꽃 피는 때 8~9월
특징 땅에 사는 질경이와 닮았다.

물피 *Echinochloa crusgalli* var. *echinata*

키는 80~100㎝이다.
줄기는 뭉쳐나고 곧게 자란다. 잎 길이는
30~50㎝이며 잎집 아래쪽이 불그스름하다.
작은 이삭은 달걀처럼 생겼는데 아주 작다.

2003년 8월 경기 고양 일산

물피는 이름이 '물에서 사는 피'라는 뜻이다. 논이나 도랑처럼 얕은 물에서 무리지어 자라는 한해살이풀이다. 땅이 눅눅한 밭이나 밭둑에서도 난다. 물피는 돌피가 변해서 생긴 종인데 작은 이삭에 길이가 다른 기다란 까끄라기가 달려 있어서 돌피와 다르다.

　물피 줄기는 곧추서고 가지가 갈라진다. 논에서 자라면 땅에 비스듬히 눕는데 줄기 아래쪽이 자주색을 띠어 쉽게 알아볼 수 있다. 잎은 판판하고 털이 없다. 꽃은 7~10월에 피는데 이삭이 나오는 때는 고르지 않다. 작은 이삭은 붉은빛이 돌고 겉에 가시 같은 털이 있다. 씨앗은 익으면 쉽게 떨어지고 멀리 퍼진다. 물피 같은 풀씨는 새들이 즐겨 먹는 먹이다.

　물피는 농부들 속을 썩이는 골치 아픈 잡초다. 벼가 먹을 거름을 먹고 자라기 때문이다. 농사일 가운데 물피나 돌피 같은 피를 뽑아 내는 일을 '피사리'라고 한다. 피사리는 뙤약볕에 하루 종일 허리를 구부리며 하는 일이라서 무척 고되다. 피사리를 할 때 물피를 뿌리째 뽑아서 논두렁이나 길가로 던져야 다시 살아나지 못한다.

분류 벼과
닮은 종 돌피, 논피, 피
꽃 피는 때 7~8월
특징 논에 많이 나는 잡초다.

바람하늘지기 *Fimbristylis miliacea*

키가 10~40cm이다. 줄기는 뭉쳐나고, 잎은 아래쪽에 달리는데 실같이 가늘고 두 줄로 난다. 꽃은 8~10월에 피고 꽃대는 끝에서 여러 개로 갈라진다.

2003년 8월 경기 고양 일산

바람하늘지기는 논둑이나 밭둑에서 흔히 볼 수 있는 한해살이풀이다. 물기가 있는 축축한 땅을 좋아하는데 묵은 논이나 강가에서 자란다. 소가 먹고 퍼뜨리기도 하는데 씨앗이 뱃속에 남아 있다가 똥에 섞여 나온다. 소똥이 많이 떨어진 곳에 많이 나서 소똥 풀이라는 뜻으로 '우분초'라고도 한다.

　바람하늘지기는 줄기와 잎이 벼 포기처럼 뭉쳐난다. 잎은 가늘고 긴데 두 줄로 나고, 잎보다 긴 꽃대가 여러 개 올라온다. 꽃대는 한꺼번에 올라오지 않고, 하나씩 순서대로 올라온다. 꽃대 끝에는 동그랗고 붉은빛이 도는 밤색 이삭이 달리는데 이삭에서 꽃이 피고 씨를 맺는다. 바람하늘지기 씨앗은 아주 가벼워서 바람에 날리거나 빗물에 둥둥 떠서 퍼진다.

　바람하늘지기는 싹이 트면 빠르게 자란다. 또 어디서나 잘 자라서 금방 무리를 짓는다. 논에 들어가서 자라면 벼보다 빨리 크고 벼 뿌리 사이로 파고 들어가 벼가 자라는 것을 방해한다. 벼 뿌리가 못 퍼지게 하고 벼가 먹을 거름을 빼앗아 먹는다.

분류 사초과
다른 이름 우분초
닮은 종 하늘지기, 가는하늘지기
꽃 피는 때 8~10월
특징 논에 나는 논풀이다.

밭둑외풀 *Lindernia procumbens*

키는 5~20m이다. 줄기가 여러 개로 갈라져서
비스듬히 자란다. 잎은 주걱 모양이고 끝이
둥글다. 꽃은 연분홍색이다.

2003년 8월 경기 고양 일산

밭둑에 많이 나고 외풀이랑 닮았다고 '밭둑외풀'이라는 이름이 붙었다. 하지만 밭둑외풀은 물기가 많은 땅을 좋아해서 밭둑보다는 논둑이나 도랑 가에서 더 흔하게 볼 수 있다. 햇빛이 잘 드는 기름진 땅에서 많이 난다.

밭둑외풀은 키가 한 뼘 남짓 되는 작은 풀이다. 줄기는 네모지고 아래쪽에서 가지를 많이 친다. 잎은 마주나는데 잎자루가 없고 둥글고 길쭉하게 생겼다. 가장자리가 밋밋하고 끝이 둥글다. 나란히맥이 서너 개 나 있다. 꽃은 7~8월에 피는데 잎겨드랑이에서 꽃대가 올라와 분홍색 꽃이 달린다. 꽃은 입술 모양으로 생겼고 꽃받침이 다섯 갈래로 길게 갈라진다.

밭둑외풀은 곤충의 도움을 받아 꽃가루받이를 하는데, 키 큰 풀이 우거진 곳에 나거나 논 한가운데 나면 도움을 받기 어렵다. 그럴 때는 꽃잎을 열지 않은 채 스스로 가루받이를 한다. 열매는 길쭉하게 생겼는데 속에 작은 씨앗이 많이 들어 있다. 한 그루마다 삼천 개쯤 되는 씨앗을 맺는다. 씨앗은 바람을 타고 퍼지기도 하고, 물에 떠서 퍼지기도 한다.

분류 현삼과
다른 이름 개고추풀
닮은 종 논둑외풀, 미국외풀, 가는미국외풀
꽃 피는 때 7~8월
특징 밭둑이나 논둑에 흔히 자란다.

벗풀 *Sagittaria sagittifola* subsp. *leucopelata*

키는 20~80㎝이다. 잎줄기가 길고 자라면서 잎 모양이 조금씩 바뀐다. 꽃잎은 세 장인데 흰색이다. 꽃받침은 세 개로 녹색이다.

2003년 8월 경기 고양 일산

벗풀은 얕은 물에서 자라는 여러해살이풀이다. 늪이나 개울 같은 곳에서 사는데 논에 많이 난다. 물 속 땅에 뿌리를 내리고 잎은 물 위로 뻗는다. 줄기가 없고 뿌리에서 잎이 바로 나온다. 자라면서 잎 모양이 조금씩 바뀌는데 처음에 나온 잎은 가늘고 긴 끈처럼 생겼다. 조금 더 자라면 주걱처럼 생긴 잎이 나오고, 그 뒤에 화살촉처럼 생긴 큰 잎이 나온다. 물이 얕은 곳에서는 잎자루가 짧고 잎을 많이 만들지만 깊은 곳에서는 잎을 적게 내고 길게 뻗는다.

벗풀은 암꽃과 수꽃이 따로 있는데 한 그루에 같이 달린다. 여름에 뿌리에서 꽃대가 올라오는데 마디마다 꽃이 세 개씩 돌려나 층을 이룬다. 꽃차례 아래쪽에는 암꽃이 피고 위쪽에는 수꽃이 핀다. 열매는 공기가 들어갈 수 있는 날개가 있어서 바람에 날리거나 물에 떠서 멀리까지 퍼진다.

벗풀은 덩이줄기로도 번식한다. 열매를 맺고 난 뒤에 뿌리에 달걀처럼 생긴 둥그런 덩이줄기를 만든다. 덩이줄기에는 새부리처럼 생긴 조그맣고 뾰족한 싹눈이 달려 있다. 겨울이 지나고 봄이 되면 덩이줄기에 난 싹눈에서 새싹이 돋는다. 벗풀 덩이줄기는 감자나 돼지감자처럼 먹기도 한다.

분류 택사과
다른 이름 가는택사, 가는보풀, 쇠귀나물
닮은 종 보풀, 택사
꽃 피는 때 8~10월
특징 자라면서 잎 모양이 세 번 바뀐다.

부들 *Typha orientalis*

키는 1~2m이다. 줄기는 곧게
자라며 잎은 가늘고 길다. 잎자루가 줄기를
감싼다. 꽃은 줄기 끝에 둥근 통처럼 달린다.
수꽃과 암꽃은 꽃잎이 없다.

2003년 8월 경기 광명

부들은 꽃이 피어 꽃가루받이를 할 때 부들부들 떤다고 이름이 '부들'이다. 물가에서 자라는 여러해살이풀인데 묵은 논이나 논도랑, 저수지, 강가, 연못, 늪, 습지에서 흔하게 볼 수 있다. 더러운 물에서도 잘 살고 오염된 물을 깨끗하게 한다. 그래서 사람들이 일부러 심기도 하는데 잘 퍼지고 무리를 크게 이루어 자란다.

부들은 키가 무척 큰데 잘 자라면 2m도 넘게 자란다. 잎은 넓고 기다랗다. 여름에 줄기 끝에서 꽃이삭이 나온다. 방망이처럼 통통하게 생긴 암꽃이삭 위에 노란 수꽃이삭이 달린다. 가을에 꽃이 지고 이삭 속에서 씨앗이 여문다. 이삭은 솜방망이처럼 부풀어오르다가 여물면 터진다. 다 여문 이삭을 따서 살짝 건드리면 톡 터진다. 씨앗은 작고 납작한데 하얗고 보송보송한 털이 있어서 바람에 멀리까지 날아간다.

옛날에는 부들로 여러 가지 살림살이를 만들어 썼다. 잎을 엮어서 방석을 만들거나 줄기로 발이나 돗자리를 짰다. 부들로 만든 돗자리를 늘자리, 부들자리, 포석이라고 한다. 비 올 때 쓰는 도롱이도 만들고 삿갓이나 부채도 만들었다. 또 이삭을 따다가 이불이나 베개 속에 넣기도 했다. 어린 뿌리줄기와 잎, 꽃이삭은 약으로도 쓴다.

부들 꽃

분류 부들과
다른 이름 잘포, 향포, 포채, 포황, 포약, 포봉
닮은 종 큰잎부들, 애기부들, 꼬마부들
꽃 피는 때 7월
특징 꽃가루받이를 할 때 부들부들 떤다.

여뀌 *Persicaria hydropiper*

키가 40~80cm이다. 가지를 많이 친다.
잎은 끝이 뾰족하고 어긋나기로 달린다.
잎 뒷면에 작은 점이 많다.

2003년 9월 서울 마포 월드컵공원

여뀌는 물가에서 무리지어 자라는 한해살이풀이다. 냇가나 늪, 도랑처럼 물기가 많은 곳이라면 어디서나 잘 사는데 논둑에 많이 난다. 거름기가 많고 햇빛이 잘 드는 땅을 좋아한다.

줄기 아래쪽은 눕듯이 퍼지고 위쪽은 곧게 자란다. 잎은 버들잎처럼 생겼는데 끄트머리가 가늘고 뾰족하다. 6~9월에 연분홍색이나 연보라색 꽃이삭이 핀다. 가을에 씨앗이 이삭에 다닥다닥 붙어서 여문다. 씨앗은 딱딱하고 두꺼운 껍질에 싸여 있지만 가벼워서 물에 뜬다. 물살에 실려 널리 퍼지기도 하고 바람에 날리거나 들짐승 몸에 붙어서 퍼지기도 한다. 씨앗으로 번식을 하지만 줄기가 땅에 닿으면 마디에서 뿌리를 내리기도 한다.

여뀌는 줄기와 잎에 매운맛이 있다. 잎사귀를 뜯어서 씹으면 혀가 얼얼할 정도로 독한데 이 맛 때문에 짐승들은 안 먹는다. 사람들은 여뀌로 물고기를 잡기도 한다. 여뀌를 짓찧어서 개울에 풀면 물고기가 비실거린다. 물고기를 취하게 하는 풀이라고 여뀌를 '어독초'라고도 한다.

동남아시아에서는 쌉싸래한 여뀌 잎을 향신료로 쓴다. 일본에서는 생선회에 곁들여 먹기도 한다. 여뀌 잎과 줄기는 피를 멎게 하고 혈압을 내리는 약효가 있다. 벌레에 물렸을 때 잎을 찧어 즙을 내어 바르면 부기가 빠지고 덜 가렵다.

분류 마디풀과
다른 이름 버들여뀌, 매운여뀌, 독풀, 어독초, 해박
닮은 종 바보여뀌
꽃 피는 때 6~9월
특징 줄기와 잎에 매운맛이 있다. 향신료로 쓴다.

여뀌바늘 *Ludwigia prostrata*

키는 30~60㎝이다. 잎은 어긋나며 버들잎 모양이고 가장자리가 밋밋하다. 잎은 길이가 3~10㎝이고 잎자루가 짧다. 잎겨드랑이에 지름 1㎝쯤 되는 작고 노란 꽃이 달린다.

2003년 9월 서울 안양천

잎 모양이 여뀌 잎과 비슷하고, 열매가 바늘처럼 생겼다고 '여뀌바늘' 이라는 이름이 붙었다. 농부들은 여뀌바늘을 '대가리풀' 이나 '꼬치풀', '여뀌대' 라고 한다. 논에서 많이 나는 잡초인데 다른 풀보다 거름기를 훨씬 잘 빨아먹는다. 벼가 먹을 양분을 뺏어 먹으니까 농부들은 김매기를 할 때 피와 함께 뽑아 낸다.

여뀌바늘은 논, 도랑, 늪, 연못에서 자라는 한해살이풀이다. 햇빛이 잘 드는 기름진 땅에서 자란다. 키가 크고 가지가 많아서 자리를 넓게 잡고 산다. 줄기는 곧게도 자라고 비스듬히 자라기도 한다. 줄기는 붉은빛이 돌고 겉에 세로로 난 줄이 있다. 아래쪽에서 가지가 많이 갈라진다. 물이 얕은 곳에서 자랄 때는 하얀 뿌리가 땅 위나 물 밖으로 드러나기도 한다. 잎은 어긋나고 버들잎 모양이다. 9월에 꽃이 피는데 잎겨드랑이에서 작고 노란 꽃이 한 송이씩 핀다. 가을에 가늘고 긴 기둥처럼 생긴 열매가 달린다.

여뀌바늘은 벼를 거둘 무렵이 되면 잎과 열매가 붉게 물든다. 그래서 눈에 잘 띈다. 씨는 껍질에 싸여 있는데, 가벼워서 물에 잘 뜬다. 물에 떠서 널리 퍼지거나 바람에 날리기도 한다. 한방에서는 여뀌바늘을 '수정향' 이라고 하며 약으로 쓴다. 오줌이 잘 나오게 하고 열을 내리고 독을 풀어 주는 약효가 있다.

분류 바늘꽃과
다른 이름 꼬치풀, 여뀌대, 대가리풀, 여꽃대
닮은 종 눈여뀌바늘
꽃 피는 때 8~10월
특징 잎 모양이 여뀌와 비슷하다.

여뀌바늘 꽃

올챙이고랭이 *Scirpus juncoides*

키는 20~70㎝이다. 줄기는 곧게 자라고 매끈하다. 잎이 없다. 이삭은 달걀꼴이고 길이는 8~15㎜이다. 열매는 2㎜쯤이고 익으면 검은 밤색이 된다.

2004년 8월 충북 청원

올챙이고랭이는 '올챙이골'이라고도 한다. 논, 도랑, 연못가, 얕은 물가, 늪에서 자라는 여러해살이풀이다. 농사를 짓지 않는 논에서 무리를 지어 자라기도 한다.

올챙이고랭이 줄기는 가늘고 둥근 기둥처럼 생겼는데 여러 개가 모여서 난다. 잎 아래쪽이 칼집처럼 줄기를 감싸며 난다. 이것을 '잎집'이라고 하는데, 흔히 벼과나 방동사니과 풀에서 볼 수 있다. 꽃은 7~10월에 핀다. 줄기에 작은 꽃이삭이 2~9개 모여서 붙어 있다. 꽃이삭은 줄기 가운데 붙어 있는 것처럼 보이지만, 사실 꽃이삭 위로 길게 나 있는 것은 줄기가 아니고 줄기처럼 생긴 덮개 잎이다. 덮개 잎은 끝이 뾰족하다. 이삭은 동그랗게 생겼는데 길쭉하고 검은 밤색으로 익는다. 씨앗으로 퍼지고 줄기 밑동이 덩어리처럼 커져서 생긴 그루터기에서 줄기가 다시 나기도 한다.

올챙이고랭이는 논에 많이 나는 잡초다. 봄에 싹이 트면 무척 빨리 자라서 벼가 잘 못 자라게 한다. 농부들이 논에서 김매기를 할 때 다른 풀과 함께 뽑아 낸다. 그루터기는 가을에 논갈이를 할 때 땅 위로 나와서 마르거나 모내기 전에 써레질을 할 때 흙 속에 묻히면 쉽게 죽는다.

세모고랭이

분류 사초과
다른 이름 올챙이골, 고랭이
닮은 종 세모고랭이, 수원고랭이, 광릉골, 바늘골
꽃 피는 때 7~10월
특징 논에 나는 논풀이다.

자귀풀 *Aeschynomene indica*

키는 50~150㎝이다. 줄기는 곧게 자란다.
잎 앞면은 푸르지만 뒷면은 하얗다. 꽃은 길이가
1㎝쯤이고 꽃받침은 두 갈래로 갈라진다.

2004년 9월 경기 고양 일산 호수공원

자귀풀은 물가나 논처럼 물이 많은 곳에서 사는 한해살이풀이다. 자귀나무 잎 모양과 비슷해서 '자귀풀'이라는 이름이 붙었다. 자귀나무 잎은 밤이 되면 잎을 오므리는데 그런 성질도 똑같이 닮았다. 차풀하고도 닮았는데, 차풀은 줄기가 붉고 잔털이 있지만 자귀풀은 줄기가 옅은 녹색이고 잔털이 없다.

　자귀풀 줄기는 곧게 자라고 가지가 여러 개로 갈라진다. 위쪽 줄기는 속이 비어 있다. 잎자루 한 개에 짧고 길쭉하게 생긴 작은 잎이 20~30쌍 마주나는 겹잎이다. 꽃은 7~8월에 피는데 잎겨드랑이에 꽃자루가 달리고 옅은 노란색 꽃이 두세 개 핀다. 꽃이 지면 꼬투리가 달리는데 콩꼬투리와 다르게 씨앗이 들어 있는 사이사이가 잘록해서 다 익으면 여러 개로 나누어진다. 납작한 열매는 물에 잘 뜨는데 물을 따라 멀리 퍼진다.

　자귀풀은 논에 자라는 잡초인데 벼가 먹을 양분을 빨아먹고 햇빛을 가린다. 하지만 콩처럼 뿌리혹에 질소를 모으는 세균이 들어 있어서 땅을 기름지게 하는 풀로 쓰임새가 있다. 줄기에도 질소를 모으는 혹이 있다. 자귀풀은 콩보다 질소를 여섯 배나 더 많이 모은다고 한다. 뿌리째 캐어 약으로도 쓰는데 열을 내리거나 종기가 날 때 쓴다. 소화가 잘 안 되거나 배탈이 났을 때도 좋다.

분류 콩과
다른 이름 합맹
꽃 피는 때 7~8월
특징 콩처럼 뿌리혹에서 질소를 모은다.

자운영 *Astragalus sinicus*

키는 10~40㎝이다. 줄기 아래쪽에서
가지가 많이 갈라진다. 줄기에 하얀 털이
조금 나 있다. 꽃은 7~10개쯤 우산 모양으로
달리며 꽃 하나는 길이가 12㎜쯤이다.

2004년 5월 경기 용인

봄에 붉은빛을 띤 꽃들이 들판 한가득 피어나면 자줏빛 구름처럼 아름답다고 '자운영'이라는 이름이 붙었다. 바람이 불면 빨간 꽃이 바람에 물결처럼 흔들린다. 본디 중국에서 자라는 풀인데 우리 나라에 들어와서 자리를 잡고 살게 되었다.

자운영은 논둑, 밭, 냇가, 강둑, 길가에서 자라는 한해살이풀이다. 줄기가 비스듬히 눕다가 곧추선다. 잎자루 하나에 달걀꼴로 생긴 작은 잎이 9~11개쯤 마주나는데 홀수로 달린다. 꽃은 4~5월에 피는데 잎겨드랑이에서 꽃대가 올라오고 끝에 꽃이 여러 개 달린다. 아까시나무처럼 꽃에 꿀이 많아서 벌이 많이 꼬인다. 꽃이 지면 납작한 열매가 열리는데 꼬투리 한 개 속에는 씨가 2~5개 들어 있다.

남쪽 지방에서는 가을걷이를 마친 논에 자운영 씨를 뿌려서 일부러 기른다. 이듬해 봄에 꽃이 필 때쯤, 쟁기로 땅을 갈아엎고 썩혀서 거름으로 쓴다. 자운영은 다른 콩과 식물들처럼 뿌리혹에 질소를 모으는 세균이 살고 있다. 그래서 농사를 짓기 전에 논이나 밭에 거름으로 쓰려고 심어 기른다. 자운영같이 농사에 비료로 쓰는 식물을 '녹비 식물'이라고 한다.

자운영 어린순은 캐서 나물로 먹는다. 너른 들판에 길러서 집짐승을 먹이기도 한다. 봄에 뿌리째 캐어 말려서 약으로도 쓰는데 열을 내리는 데 좋다. 씨앗은 눈병이 났을 때 약으로 쓴다.

자운영 열매

분류 콩과
다른 이름 연화초, 홍화채, 쇄미제, 야화생
닮은 종 황기
꽃 피는 때 4~5월
특징 나물로 먹고 집짐승을 먹이고 비료로 쓴다.

조개풀 *Arthraxon hispidus*

키는 20~50㎝이다. 잎은 길이가 2~6㎝이고
끝이 뾰족하다. 잎 아래쪽은 줄기를 감싸고 있다.
꽃이삭은 길이가 2~5㎝이고 작은 이삭은
4㎜쯤이다.

2004년 9월 서울 양천

조개풀은 논둑이나 개울가에 흔한 한해살이풀이다. 물기가 많은 땅을 좋아하고 햇빛이 잘 드는 곳에서 자란다. 봄에 싹이 터서 여름부터 꽃이 피기 시작하고 가을에 열매를 맺는다.

조개풀 기는줄기는 땅 위를 기면서 자라다가 땅에 닿는 마디에서 새로운 뿌리를 내린다. 위로 뻗는 줄기는 끝으로 갈수록 곧게 서는데 마디마다 털이 나 있다. 잎은 심장 모양이고 끝이 뾰족하다. 가장자리에는 긴 털이 나 있다. 9월에 꽃이 피는데 가지 끝에 길쭉하게 생긴 꽃이삭 여러 개가 모여 달린다. 자세히 보면 벼나 보리처럼 작은 이삭들이 다닥다닥 붙어 있다. 이삭은 풀색이거나 불그스름한 빛깔이다.

조개풀은 뿌리째 캐어 약으로 쓴다. 기침을 멎게 하거나 종기를 없애는 약효가 있다. 소나 말, 염소 같은 집짐승을 먹이기도 하고, 옷감을 노란색으로 물들일 때 쓰기도 한다.

산 속에서는 조개풀과 많이 닮은 주름조개풀을 볼 수 있다. 주름조개풀은 잎 가장자리가 물결 모양으로 주름져 있다. 물기가 많은 곳에서 무더기로 자란다.

조개풀 어린잎

분류 벼과
다른 이름 신초
닮은 종 주름조개풀, 좀조개풀
꽃 피는 때 9월
특징 줄기에서 새 뿌리가 나와 무리를 늘린다.

줄 *Zizania latifolia*

키는 1.5~2.5m이다. 줄기는 짙은 녹색이다.
잎은 길이가 50~100㎝이다. 8~9월에
30~50㎝쯤 되는 이삭 줄기가 나온다.

2004년 9월 경기 포천

줄은 물가에서 자라는 여러해살이풀이다. 늪이나 연못, 저수지, 강, 냇가, 논도랑에서 자란다. 물이 오염된 곳에 자라면 물을 맑게 해 준다. 경상 남도 창녕에 있는 우포늪에는 크게 무리지어 자라는 줄을 볼 수 있다.

줄은 키가 커서 2m가 넘게 자라기도 한다. 물 속 땅에 뿌리를 내리고 잎과 줄기는 물 위로 뻗는다. 줄기는 곧고 매끈하다. 잎은 납작하고 두꺼운데 길다. 꽃은 8~9월에 피는데 암꽃과 수꽃이 한 그루에 달린다. 꽃이삭 줄기는 가지를 많이 치는데 작은 이삭이 붙어 있다. 수꽃이 밑에 달리고 암꽃이삭은 위에 달린다. 암꽃이삭은 누르스름한 풀빛인데 끝에 긴 까끄라기가 있다. 열매는 벼와 비슷하게 생겼지만 벼보다 가늘고 길다. 줄은 씨앗으로 퍼지지만 뿌리줄기를 옆으로 길게 뻗어 무리를 늘리기도 한다. 또 가을이 되면 뿌리줄기 끝에 겨울눈이 달리는데 이듬해 봄이 되면 겨울눈에서 싹이 돋는다.

줄 열매를 '고미'라고 하는데 옛날에 사람들이 굶주릴 때 쌀 대신 먹었다. 껍질을 벗겨서 햇빛에 말렸다가 밥을 지어 먹었다고 한다. 아메리카 인디언들은 줄과 닮은 야생 벼를 먹는다고 한다. 우리 나라에서는 줄기와 잎을 엮어서 도롱이나 자리를 만든다. 뿌리와 열매는 약으로 쓰는데 목마름을 풀어 주고 열을 내리며 위와 장에 좋다고 한다.

줄 암꽃과 수꽃

분류 벼과
다른 이름 줄풀
꽃 피는 때 8~9월
특징 사람 키보다 크게 자란다.

한련초 *Eclipta prostrata*

키는 70㎝쯤이다. 줄기는 곧게 자라는데 땅에 붙어 옆으로 뻗기도 한다. 잎은 길고 뾰족한데 털이 있다. 잎 길이는 3~10㎝이다. 씨앗은 까맣고 날개가 달렸다.

2004년 8월 경기 포천

한련초는 물가에서 흔히 자라는 한해살이풀이다. 논이나 도랑, 냇가, 강둑, 밭귀퉁이 같은 축축한 곳에 난다. 우리 나라 어디에서나 볼 수 있다. 어린잎과 줄기를 데쳐서 나물로 먹고, 줄기를 베어서 설탕에 절여 두었다가 먹는다. 뿌리째 캐서 약으로 쓰는데 피를 멈추게 하거나 기생충을 없애는 약효가 있다.

한련초 줄기는 곧게 서기도 하고 땅 위에 바짝 붙어 옆으로 자라기도 한다. 땅에 닿은 마디에서는 새 뿌리를 내리기도 한다. 논에서 나면 줄기가 곧게 자라 벼처럼 키가 커진다. 잎은 버들잎처럼 길쭉하게 생겼는데 끝이 뾰족하고 가장자리에 톱니가 있다. 짧고 억센 털이 앞뒷면에 나 있어서 만지면 까끌까끌하다. 꽃은 여름부터 가을까지 계속 피는데, 꽃자루 끝에 하얀색 꽃이 달린다. 열매가 다 익으면 새까매지는데, 날개가 있어서 바람을 타고 멀리까지 날아간다. 물에 떠서 퍼지기도 한다.

한련초는 줄기나 잎에 상처가 나면 까맣게 된다. 줄기를 꺾으면 물이 나오는데 금방 까매지고, 잎을 비벼서 물에 담가 놓으면 까만 물이 퍼진다. 옛날 사람들은 한련초 즙으로 수염이나 머리카락을 물들이기도 했다. 인도에서는 한련초로 검은색 물감을 만들었다고 한다.

분류 국화과
다른 이름 묵한련, 하련초, 한련풀, 묵두초
닮은 종 가는잎한련초
꽃 피는 때 7~9월
특징 줄기와 잎에 상처가 나면 까맣게 바뀐다.

한련초 어린잎

우리 이름으로 찾아보기
학명으로 찾아보기
참고한 책

우리 이름으로 찾아보기

가

가는메꽃 ▶ 메꽃 66
가는명아주 ▶ 흰명아주 162
가는보풀 ▶ 벗풀 232
가는잎메꽃 ▶ 메꽃 66
가는택사 ▶ 벗풀 232
가라지 ▶ 강아지풀 112
가락지나물 198
가래 200
가마중 ▶ 까마중 124
가막사리 202
가막살 ▶ 가막사리 202
가새쑥부쟁이 166
가시나물 ▶ 엉겅퀴 186
가시덩굴여뀌
   ▶ 며느리밑씻개 176
가시도꼬마리 ▶ 도꼬마리 54
가시랑쿠 ▶ 갈퀴덩굴 110
가시모밀 ▶ 며느리밑씻개 176
가지골나무 ▶ 꿀풀 172
갈퀴덩굴 110
강아지풀 112
개고추풀 ▶ 밭둑외풀 230
개구리밥 204
개꼬리풀 ▶ 강아지풀 112
개대황 ▶ 돌소리쟁이 58
개마디꽃 ▶ 마디꽃 216
개망초 114
개망풀 ▶ 개망초 114
개미바늘 ▶ 벼룩나물 142
개비름 116
개왕골 ▶ 금방동사니 122
개풀 ▶ 뚝새풀 214
개피 206
검정말 208
계란꽃 ▶ 개망초 114
고들빼기 118
고랭이 ▶ 올챙이고랭이 240

고마리 210
고만이 ▶ 고마리 210
고사리 168
고양이밥 ▶ 괭이밥 46
고초풀 ▶ 주름잎 154
고추풀 ▶ 주름잎 154
곰달래 ▶ 곰취 170
곰보배추 ▶ 배암차즈기 140
곰취 170
공방초 ▶ 쇠뜨기 80
광대나물 120
괭이밥 46
괭이싱아 ▶ 괭이밥 46
괴승애 ▶ 수영 84
괴싱아 ▶ 수영 84
구미초 ▶ 강아지풀 112
권두채 ▶ 고사리 168
귀보리 ▶ 참새귀리 100
귀침초 ▶ 도깨비바늘 212
그령 48
금방동사니 122
금방동산 ▶ 금방동사니 122
긴잎가래 ▶ 가래 200
길갱이 ▶ 수크령 86
길경이 ▶ 질경이 98
길상채 ▶ 고사리 168
길짱구 ▶ 질경이 98
까마종이 ▶ 까마중 124
까마중 124
까치다리 ▶ 애기똥풀 148
깜뚜라지 ▶ 까마중 124
깨풀 126
꼬마리 ▶ 고마리 210
꼬사리 ▶ 고사리 168
꼬치풀 ▶ 여뀌바늘 238
꽃냉이 ▶ 꽃마리 50
꽃다지 128
꽃따지 ▶ 꽃마리 50

꽃마리 50
꽃말이 ▶ 꽃마리 50
꾸부렁 ▶ 그령 48
꿀방망이 ▶ 꿀풀 172
꿀풀 172

나

나마자 ▶ 박주가리 70
나생이 ▶ 냉이 130
나숭게 ▶ 냉이 130
나시 ▶ 냉이 130
나이 ▶ 냉이 130
나호채 ▶ 지칭개 96
남사삼 ▶ 잔대 192
남실 ▶ 쪽 158
낭미초 ▶ 수크령 86
내생이 ▶ 냉이 130
냉이 130
노고초 ▶ 할미꽃 194
논피 ▶ 물피 226
늪피 ▶ 개피 206

다

다회근골초 ▶ 조개나물 94
달개비 ▶ 닭의장풀 132
달맞이꽃 52
닭의꼬꼬 ▶ 닭의장풀 132
닭의밑씻개 ▶ 닭의장풀 132
닭의씨가비 ▶ 닭의장풀 132
닭의장풀 132
담배깡탱이 ▶ 주름잎 154
담배풀 ▶ 주름잎 154
대가리풀 ▶ 여뀌바늘 238
더덕 174
도깨비바눌 ▶ 도깨비바늘 212
도깨비바늘 212
도꼬마리 54
도둑풀 ▶ 쇠비름 144

254

독새 ▶ 뚝새풀 214
독새기 ▶ 뚝새풀 214
독새풀 ▶ 뚝새풀 214
독풀 ▶ 여뀌 236
돈나물 ▶ 돌나물 56
돌나물 56
돌소루쟁이 ▶ 돌소리쟁이 58
돌소리쟁이 58
돌콩 60
돌팥 ▶ 새팥 76
돌피 134
돌피 ▶ 물피 226
동전초 ▶ 봄맞이 74
돼지풀 62
돼지풀 ▶ 쇠비름 144
두드러기쑥 ▶ 돼지풀 62
두드러기풀 ▶ 돼지풀 62
두루미냉이 ▶ 꽃다지 128
둑새풀 ▶ 뚝새풀 214
들깨풀 ▶ 깨풀 126
들별꽃 ▶ 벼룩나물 142
딱주 ▶ 잔대 192
땅빈대 ▶ 애기땅빈대 146
떼 ▶ 잔디 90
뗏장 ▶ 잔디 90
뚝새풀 214
띄 ▶ 띠 64
띠 64

라

릉 ▶ 마름 218
릉각 ▶ 마름 218
릉화 ▶ 마름 218

마

마디꽃 216
마름 218
마제엽 ▶ 곰취 170

마초 ▶ 쇠뜨기 80
마치채 ▶ 쇠비름 144
마치현 ▶ 쇠비름 144
말비름 ▶ 쇠비름 144
망국초 ▶ 개망초 114
망초 136
망풀 ▶ 망초 136
매운여뀌 ▶ 여뀌 236
맹아대 ▶ 흰명아주 162
머구리밥 ▶ 개구리밥 204
먹때깔 ▶ 까마중 124
메꽃 66
며느리밑씻개 176
명아주 ▶ 흰명아주 162
모구초 ▶ 강아지풀 112
목람 ▶ 쪽 158
무릇 178
무릎꼬리풀 - 쥐꼬리망초 156
묵두초 ▶ 한련초 250
묵한련 ▶ 한련초 250
문둥이배추 ▶ 배암차즈기 140
물구 ▶ 무릇 178
물구지 ▶ 무릇 178
물굿 ▶ 무릇 178
물달개비 220
물닭개비 ▶ 물달개비 220
물배추 ▶ 물질경이 224
물옥잠 222
물질경이 224
물피 226
물피 ▶ 개피 206
미국자리공 68
미국장녹 ▶ 미국자리공 68
미상륙 ▶ 미국자리공 68
민들레 ▶ 서양민들레 78

바

바람하늘지기 228

바랑이 ▶ 바랭이 138
바래기 ▶ 바랭이 138
바랭이 138
바로쑥 ▶ 쑥 88
박주가리 70
밭둑외풀 230
방동사니 ▶ 금방동사니 122
배암딸기 ▶ 뱀딸기 72
배암차즈기 140
백두옹 ▶ 할미꽃 194
백마육 ▶ 잔대 192
백모 ▶ 띠 64
뱀딸기 72
뱀밥 ▶ 쇠뜨기 80
뱀배추 ▶ 배암차즈기 140
뱀차조기 ▶ 배암차즈기 140
뱀풀 ▶ 고마리 210
버들개망초 ▶ 개망초 114
버들여뀌 ▶ 여뀌 236
버짐풀 ▶ 애기똥풀 148
범상덩굴 ▶ 환삼덩굴 106
벗풀 232
벼룩나물 142
벼룩풀 ▶ 벼룩나물 142
별꽃 ▶ 쇠별꽃 82
보래기 ▶ 바랭이 138
보리뱅이 ▶ 벼룩나물 142
보리탈 ▶ 며느리밑씻개 176
보춘화 ▶ 봄맞이 74
봄까치꽃 ▶ 큰개불알풀 160
봄맞이 74
부들 234
부이 ▶ 질경이 98
부평초 ▶ 개구리밥 204
북점나도나물
 ▶ 점나도나물 152
불갑초 ▶ 돌나물 56
붉은꿀풀 ▶ 꿀풀 172

비단풀 ▶ 애기땅빈대 146
비름 ▶ 개비름 116
비름나물 ▶ 개비름 116
빨간자리공 ▶ 미국자리공 68
뻬뿌쟁이 ▶ 질경이 98
삐비 ▶ 띠 64
삘기 ▶ 띠 64

사

사삼 ▶ 더덕 174
사재발쑥 ▶ 쑥 88
산녹두 ▶ 새팥 76
산뱀딸기 ▶ 뱀딸기 72
산시금치 ▶ 수영 84
산해라 ▶ 더덕 174
산홍초 ▶ 오이풀 188
삼열엽채두 ▶ 새팥 76
삿갓나물 ▶ 우산나물 190
새갈퀴 ▶ 얼치기완두 150
새마디꽃 ▶ 마디꽃 216
새발마름 ▶ 마름 218
새큼풀 ▶ 괭이밥 46
새팥 76
서양민들레 78
석련화 ▶ 돌나물 56
석상채 ▶ 돌나물 56
선씀바귀 180
선씀바기 ▶ 선씀바귀 180
섬점나도나물
　▶ 점나도나물 152
섬좀나도나물
　▶ 점나도나물 152
세포송구지 ▶ 돌소리쟁이 58
소리쟁이 ▶ 돌소리쟁이 58
소스랑개비 ▶ 가락지나물 198
소시랑개비 ▶ 양지꽃 182
속새 ▶ 억새 184
쇠미제 ▶ 자운영 244

쇠귀나물 ▶ 벗풀 232
쇠뜨기 80
쇠띠 ▶ 쇠뜨기 80
쇠별꽃 82
쇠비름 144
수박풀 ▶ 오이풀 188
수분초 ▶ 돌나물 56
수영 84
수차전 ▶ 물질경이 224
수창포 ▶ 조개나물 94
수크령 86
수평 ▶ 개구리밥 204
시광이아재비
　▶ 며느리밑씻개 176
시금초 ▶ 괭이밥 46
시금초 ▶ 수영 84
신초 ▶ 조개풀 246
쑥 88
쑥부쟁이 ▶ 가새쑥부쟁이 166
쑥잎풀 ▶ 돼지풀 62
쓴나물 ▶ 고들빼기 118
쓴씀바귀 ▶ 선씀바귀 180
씀바귀 ▶ 선씀바귀 180
씨름꽃 ▶ 제비꽃 92
써아똥 ▶ 애기똥풀 148
씬나물 ▶ 고들빼기 118

아

아기쇠스랑개비
　▶ 가락지나물 198
아장초 ▶ 쇠별꽃 82
암그령 ▶ 그령 48
암크령 ▶ 그령 48
압설초 ▶ 물달개비 220
애기땅빈대 146
애기똥풀 148
애기점박이풀
　▶ 애기땅빈대 146

야래향 ▶ 달맞이꽃 52
야료두 ▶ 돌콩 60
야생콩 ▶ 돌콩 60
야화생 ▶ 자운영 244
약쑥 ▶ 쑥 88
양유근 ▶ 더덕 174
양지꽃 182
어독초 ▶ 여뀌 236
어욱 ▶ 억새 184
억새 184
언경퀴 ▶ 환삼덩굴 106
얼치기완두 150
엉거시 ▶ 엉겅퀴 186
엉겅퀴 186
여꽃대 ▶ 여뀌바늘 238
여뀌 236
여뀌대 ▶ 여뀌바늘 238
여뀌바늘 238
연화초 ▶ 자운영 244
오랑캐꽃 ▶ 제비꽃 92
오이풀 188
오행초 ▶ 쇠비름 144
올챙이고랭이 240
올챙이골 ▶ 올챙이고랭이 240
왕곰취 ▶ 곰취 170
왕지금 ▶ 큰개불알풀 160
왜풀 ▶ 개망초 114
외나물 ▶ 제비꽃 92
외순나물 ▶ 오이풀 188
용설초 ▶ 물질경이 224
우구 ▶ 물옥잠 222
우구화 ▶ 물옥잠 222
우번루 ▶ 쇠별꽃 82
우분초 ▶ 바람하늘지기 228
우산나물 190
웅소 ▶ 곰취 170
월견초 ▶ 달맞이꽃 52
월하향 ▶ 달맞이꽃 52

으악새 ▶ 억새 184

자
자귀풀 242
자리공 ▶ 미국자리공 68
자운영 244
자주쓴바귀 ▶ 선쓴바귀 180
자주억새 ▶ 억새 184
자평 ▶ 개구리밥 204
작은잎가락지나물
　　▶ 가락지나물 198
작은잎꽃수염풀
　　▶ 광대나물 120
잔꽃풀 ▶ 망초 136
잔다구 ▶ 잔대 192
잔대 192
잔디 90
잘포 ▶ 부들 234
잣냉이 ▶ 꽃마리 50
장수꽃 ▶ 제비꽃 92
점나도나물 152
점지매 ▶ 봄맞이 74
접골초 ▶ 광대나물 120
젖풀 ▶ 애기똥풀 148
제비꽃 92
제쿨 ▶ 흰명아주 162
조개나물 94
조개풀 246
조리풀 ▶ 바랭이 138
조선제니 ▶ 잔대 192
좀도깨비바늘
　　▶ 도깨비바늘 212
좀땅빈대 ▶ 애기땅빈대 146
좀양지꽃 ▶ 양지꽃 182
좀환삼덩굴 ▶ 환삼덩굴 106
좁은잎메꽃 ▶ 메꽃 66
주름잎 154
준솔 ▶ 쇠뜨기 80

줄 248
줄고만이 ▶ 고마리 210
줄풀 ▶ 줄 248
쥐꼬리망초 156
쥐꼬리망풀 ▶ 쥐꼬리망초 156
지금초 ▶ 큰개불알풀 160
지붕초 ▶ 망초 136
지우 ▶ 오이풀 188
지유 ▶ 오이풀 188
지칭개 96
지칭개나물 ▶ 지칭개 96
질경이 98
쪽 158

차
차전초 ▶ 질경이 98
참꼬들빽이 ▶ 고들빼기 118
참더덕 ▶ 더덕 174
참마디꽃 ▶ 마디꽃 216
참비름 ▶ 개비름 116
참새귀리 100
창포붓꽃 ▶ 조개나물 94
청대 ▶ 쪽 158
취나물 ▶ 곰취 170

카
코따대기 ▶ 꽃다지 128
코딱지나물 ▶ 광대나물 120
코딱지나물 ▶ 꽃다지 128
코딱지풀 ▶ 광대나물 120
콩버무리 ▶ 쇠별꽃 82
큰개불알풀 160
큰김의털 102
큰도꼬마리 ▶ 도꼬마리 54
큰망초 ▶ 망초 136
큰배암딸기 ▶ 뱀딸기 72
큰소시랑개비 ▶ 양지꽃 182
큰지금 ▶ 큰개불알풀 160

클로버 ▶ 토끼풀 104

타
타래쑥 ▶ 쑥 88
토끼풀 104
토아산 ▶ 우산나물 190

파
포공영 ▶ 서양민들레 78
포봉 ▶ 부들 234
포약 ▶ 부들 234
포채 ▶ 부들 234
포황 ▶ 부들 234
피 ▶ 물피 226
필두채 ▶ 쇠뜨기 80

하
하련초 ▶ 한련초 250
한련초 250
한련풀 ▶ 한련초 250
한삼덩굴 ▶ 환삼덩굴 106
할미꽃 194
합맹 ▶ 자귀풀 242
항가시 ▶ 엉겅퀴 186
해박 ▶ 여뀌 236
해방초 ▶ 달맞이꽃 52
향포 ▶ 부들 234
홍실뱀딸기 ▶ 뱀딸기 72
홍화채 ▶ 자운영 244
환삼덩굴 106
황채 ▶ 고들빼기 118
후롱초 ▶ 봄맞이 74
흰능쟁이 ▶ 흰명아주 162
흰명아주 162
흰쥐꼬리망초
　　▶ 쥐꼬리망초 156

학명으로 찾아보기

A
Acalypha australis 깨풀 126
Adenophora triphylla var. *japonica* 잔대 192
Aeschynomene indica 자귀풀 242
Ajuga multiflora 조개나물 94
Alopecurus aequalis var. *amurensis* 뚝새풀 214
Amaranthus lividus 개비름 116
Ambrosia artemisiifolia 돼지풀 62
Androsace umbellata 봄맞이 74
Artemisia princeps 쑥 88
Arthraxon hispidus 조개풀 246
Aster incisus 가새쑥부쟁이 166
Astragalus sinicus 자운영 244

B
Beckmannia syzigachne 개피 206
Bidens bipinnata 도깨비바늘 212
Bidens tripartita 가막사리 202
Bromus japonicus 참새귀리 100

C
Calystegia sepium var. *japonicum* 메꽃 66
Capsella bursa-pastoris 냉이 130
Cerastium holosteoides var. *hallaisanense* 점나도나물 152
Chelidonium majus var. *asiaticum* 애기똥풀 148
Chenopodium album 흰명아주 162
Cirsium japonicum var. *maackii* 엉겅퀴 186
Codonopsis lanceolata 더덕 174
Commelina communis 닭의장풀 132
Conyza canadensis 망초 136
Crepidiastrum sonchifolium 고들빼기 118
Cyperus microiria 금방동사니 122

D
Digitaria ciliaris 바랭이 138
Draba nemorosa 꽃다지 128
Duchesnea indica 뱀딸기 72

E
Echinochloa crusgalli 돌피 134
Echinochloa crusgalli var. *echinata* 물피 226
Eclipta prostrata 한련초 250
Equisetum arvense 쇠뜨기 80
Eragrostis ferruginea 그령 48
Erigeron annuus 개망초 114
Euphorbia supina 애기땅빈대 146

F
Festuca arundinacea 큰김의털 102
Fimbristylis miliacea 바람하늘지기 228

G
Galium spurium var. *echinospermum* 갈퀴덩굴 110
Glycine soja 돌콩 60

H
Hemistepa lyrata 지칭개 96
Humulus japonicus 환삼덩굴 106
Hydrilla verticillata 검정말 208

I
Imperata cylindrica var. *koenigii* 띠 64
Ixeris strigosa 선씀바귀 180

J
Justicia procumbens 쥐꼬리망초 156

L
Lamium amplexicaule 광대나물 120
Ligularia fischeri 곰취 170
Lindernia procumbens 밭둑외풀 230
Ludwigia prostrata 여뀌바늘 238

M

Mazus pumilus 주름잎 154
Metaplexis japonica 박주가리 70
Miscanthus sinensis var. *purpurascens* 억새 184
Monochoria korsakowii 물옥잠 222
Monochoria vaginalis var. *plantaginea* 물달개비 220

O

Oenothera biennis 달맞이꽃 52
Ottelia alismoides 물질경이 224
Oxalis corniculata 괭이밥 46

P

Pennisetum alopecuroides 수크령 86
Persicaria hydropiper 여뀌 236
Persicaria senticosa 며느리밑씻개 176
Persicaria thunbergii 고마리 210
Persicaria tinctoria 쪽 158
Phytolacca americana 미국자리공 68
Plantago asiatica 질경이 98
Portulaca oleracea 쇠비름 144
Potamogeton distinctus 가래 200
Potentilla anemonefolia 가락지나물 198
Potentilla fragarioides var. *major* 양지꽃 182
Prunella vulgaris var. *lilacina* 꿀풀 172
Pteridium aquilinum var. *latiusculum* 고사리 168
Pulsatilla koreana 할미꽃 194

R

Rotala indica 마디꽃 216
Rumex acetosa 수영 84
Rumex obtusifolius 돌소리쟁이 58

S

Sagittaria sagittifola subsp. *leucopelata* 벗풀 232
Salvia plebeia 배암차즈기 140
Sanguisorba officinalis 오이풀 188

Scilla scilloides 무릇 178
Scirpus juncoides 올챙이고랭이 240
Sedum sarmentosum 돌나물 56
Setaria viridis 강아지풀 112
Solanum nigrum 까마중 124
Spirodela polyrhiza 개구리밥 204
Stellaria alsine var. *undulata* 벼룩나물 142
Stellaria aquatica 쇠별꽃 82
Syneilesis palmata 우산나물 190

T

Taraxacum officinale 서양민들레 78
Trapa japonica 마름 218
Trifolium repens 토끼풀 104
Trigonotis peduncularis 꽃마리 50
Typha orientalis 부들 234

V

Veronica persica 큰개불알풀 160
Vicia tetrasperma 얼치기완두 150
Vigna angularis var. *nipponensis* 새팥 76
Viola mandshurica 제비꽃 92

X

Xanthium strumarium 도꼬마리 54

Z

Zizania latifolia 줄 248
Zoysia japonica 잔디 90

참고한 책

《들꽃·산꽃을 찾아서》 백영웅, 아카데미서적, 1995
《땅에서 하늘로 식물들의 여행》 안네 묄러, 웅진북스, 2002
《무슨 꽃이야?》 전의식 외, 보리출판사, 2003
《무슨 풀이야?》 전의식 외, 보리출판사, 2003
《민들레 운동》 정영호, 웅진출판주식회사, 1988
《민들레》 신현철, 웅진닷컴, 2003
《민들레》 히라야마 가즈코, 시공주니어, 2003
《보리 국어사전》 윤구병 외, 보리출판사, 2008
《세밀화로 그린 보리 어린이 식물 도감》 보리출판사, 1997
《봄·여름·가을·겨울 식물일기》 하니 샤보오, 진선출판사, 1999
《봄·여름·가을·겨울 야생화일기》 송기엽, 이영노, 진선출판사, 2002
《사계절 생태놀이》 붉나무, 돌베개어린이, 2005
《산나물 들나물》 권영한, 김철영, 전원문화사, 1994
《숲해설 아카데미》 '생명의 숲' 숲해설 교재편찬팀, 현암사, 2005
《쉽게 키우는 야생화》 김태정, 강은희, 현암사, 2002
《식물 관찰 도감》 윤주복, 진선출판사, 2002
《식물 이름 찾기》 고경식, 전의식, 경원출판사, 1995
《식물 학교에 오세요!》 김성화, 권수진, 이민하, 북멘토, 2006
《식물의 세계》 아름드리, 1995
《식물학습도감》 이지열, 예림당, 1997
《신기한 식물일기》 크리스티나 비외르크, 레나 안데르손, 미래사, 1994
《씨의 여행》 정영호, 웅진출판주식회사, 1988
《야생화 쉽게 찾기》 송기엽, 윤주복, 진선출판사, 2003
《어린이 식물도감》 김태정, 예림당, 1992
《우리가 정말 알아야 할 우리 꽃 백 가지》 김태정, 현암사, 1990
《잡초-단자엽류》 양환승, 김동성, 박수현, 이전농업자원도서, 2004
《잡초-이판화류》 양환승, 김동성, 박수현, 이전농업자원도서, 2004
《잡초-합판화류》 양환승, 김동성, 박수현, 이전농업자원도서, 2004
《재미있는 우리 꽃 이름의 유래를 찾아서》 허북구, 박석근, 중앙생활사, 2002
《풀꽃 친구야 안녕?》 이영득, 황소걸음, 2004
《풀들의 전략》 아나가키 히데히로, 미카미 오사무, 도솔오두막, 2006
《한국 식물명의 유래》 이우철, 일조각, 2005

《한국산 사초과 식물》 오용자, 성신여자대학교 출판부, 2000
《한국야생화》 김태정, 국일미디어, 1996
《한국의 귀화식물》 김준민, 임양재, 전의식, 사이언스북스, 2000
《한국의 야생화》 김태정, 교학사, 1993
《한국의 잡초도감》 구자옥, 한국농업시스템학회, 2002

교과서
《자연 체험 활동-자연과 함께 놀아요》 자연체험활동 집필위원회, 경상남도 교육청, 2003
《과학 3-2》 한국 교육 과정 평가원, 대한 교과서 주식회사, 2001
《실험 관찰 3-2》 한국 교육 과정 평가원, 대한 교과서 주식회사, 2001
《초등학교 자연 체험 활동-자연과 친해져요 3-4》 환경을 생각하는 경남 교사 모임,
    두산동아, 2004
《과학 4-1》 한국 교육 과정 평가원, 대한 교과서 주식회사, 2001
《실험 관찰 4-1》 한국 교육 과정 평가원, 대한 교과서 주식회사, 2001
《과학 5-1》 한국 교육 과정 평가원, 대한 교과서 주식회사, 2002
《실험 관찰 5-1》 한국 교육 과정 평가원, 대한 교과서 주식회사, 2002
《과학 5-2》 한국 교육 과정 평가원, 대한 교과서 주식회사, 2002
《실험 관찰 5-2》 한국 교육 과정 평가원, 대한 교과서 주식회사, 2002
《과학 6-1》 한국 교육 과정 평가원, 대한 교과서 주식회사, 2002
《실험 관찰 6-1》 한국 교육 과정 평가원, 대한 교과서 주식회사, 2002
《초등학교 자연 체험 활동-자연과 친해져요 5-6》 환경을 생각하는 경남 교사 모임,
    두산동아, 2004
《중학교 과학 1》 정창희 외, 교학사, 1995

참고한 누리집
http://www.nature.go.kr/ 국가생물종지식정보시스템
http://www.koreaplants.go.kr/ 국가표준식물목록
http://www.pltaxa.or.kr/ 한국식물분류학회

그림

안경자
1965년 충청북도 청원에서 태어나 덕성여자대학교에서 서양화를 공부했습니다. 쓰고 그린 책으로 《풀이 좋아》, 그린 책으로 《무슨 꽃이야?》, 《세밀화로 그린 보리 어린이 약초 도감》, 《애벌레가 들려주는 나비 이야기》, 《파브르에게 배우는 식물 이야기》 들이 있습니다.

그림 | 송인선
1966년 서울에서 태어나 서울산업대학교 응용회화과에서 공부했습니다. 그린 책으로 《무슨 풀이야?》, 《무슨 꽃이야?》가 있습니다.

박신영
1970년에 대전에서 태어나 이화여자대학교에서 서양화를 공부했습니다. 그린 책으로 《무슨 풀이야?》, 《무슨 꽃이야?》가 있습니다. 2006년 산림청 국립수목원에서 희귀 식물을 세밀화로 그렸습니다.

이원우
1964년 인천에서 태어나 추계예술대학교에서 서양화를 공부했습니다. 그린 책으로 《고기잡이》, 《갯벌에 뭐가 사나 볼래요》, 《뻘 속에 숨었어요》, 《세밀화로 그린 보리 어린이 약초 도감》, 《갯벌 나들이도감》 들이 있습니다.

장순일
1963년에 경상북도 예천에서 태어나 덕성여자대학교에서 서양화를 공부했습니다. 쓰고 그린 책으로 《호미 아줌마랑 텃밭에 가요》, 그린 책으로 《무슨 꽃이야?》, 《고사리야 어디 있냐?》, 《도토리는 다 먹어》 들이 있습니다.

윤은주
1964년에 서울에서 태어나 홍익대학교에서 서양화를 공부했습니다. 그린 책으로 《무슨 나무야?》, 《무슨 풀이야?》, 《무슨 꽃이야?》가 있습니다.

본문 펼친 그림 | 안경자

글

김창석
1965년에 전남 고흥에서 태어나 전남대학교 농과대학 농학과에서 공부했습니다. 1993년부터 농업과학기술원에서 연구사로 일하면서 식물을 연구하고 있습니다. 《한국의 밭 잡초》(공저), 《외래 잡초 종자도감》(공저), 《한국의 잡초도감》(공저)들을 냈습니다.

감수

박수현
1936년에 경기 여주에서 태어나 성균관대학교 대학원 생물학과에서 공부했습니다. 1993년부터 한국식물분류학회 이사로 일하고 있고, 1999년부터 산림청 국립수목연구원에서 식물을 연구하고 있습니다. 《한국귀화식물원색도감》, 《잡초》(공저, 전 3권) 들을 냈습니다.

강병화
1947년에 경북 상주에서 태어나 고려대학교 대학원 농학과에서 공부했습니다. 고려대학교 생명과학대학 환경생태공학부 교수로 있으면서 잡초와 자원 식물을 두루 연구하고 있습니다. 1999년부터 야생초본식물자원종자은행을 이끌고 있습니다. 《우리나라 자원식물》, 《한국생약자원 생태도감》을 냈습니다.

구자옥
1942년 대전에서 태어나 서울대학교 대학원 농학과에서 공부했습니다. 전남대학교 농과대학 응용식물학부 교수를 지냈고, 지금은 전남대학교 명예 교수이자 한국농업시스템학회 회장으로 일하고 있습니다. 《한국의 밭 잡초》(공저), 《농업 생태학》(공저), 《한국의 잡초도감》(공저)을 냈습니다.